KB036847

일본 헌법 9조와 비폭력 사상

「自民党改憲草案を讀む──いかなる立憲主義なのか」外

일본 헌법 9조와 비폭력 사상

'긴급사태'의 해석과 결정에 관하여

야마무로 신이치

윤인로 엮고 옮김

도서출판 b

| 일러두기 |

1. 이 책은 山室信一, 「「崩憲」への危うい道: 輕々な言動によって骨抜きにされる日本國憲法」(『世界』, 848号, 2013年 10月); 「自民党改憲草案を讀む—いかなる立憲主義なのか」(京都大人文科學研究所, 自由と平和のための京大有志の會, 2016); 「憲法 9 條の思想水脈とその行方」(講演, 憲法記念春のつどい, 2008年 4月 26日); 「日本の非暴力思想の水脈とその展開」(『東洋學術研究』, 2010年 第1号); 「アジアの視点から立憲主義を考える」(自治体問題研究所, 『住民と自治』, 2016年 5月号)를 엮어 옮긴 것이다.

2. 일본국 헌법의 개정과 관련된 입법 문서와 해설 자료들, 예컨대 「日本國憲法改正草案」, 「自民党憲法草案の條文解説」, 「自民党改憲草案Q&A」 등의 출처는 자민당 홈페이지 (http://www.jimin.jp, 2012. 4. 27)에 공개되어 있는 것들에 근거한다.

3. 각주는 모두 옮긴이가 붙인 것이고, 본문 속에 역자가 첨가한 것들은 [ ] 속에 넣었다.

한국의 독자들께

1946년도에 작성된 한 대목을 인용하고자 한다.

'속고 있었다'는 한마디 말의 편리한 효과에 빠져 일체의 책임에서 해방된 기분으로 사는 많은 이들의 안이하기 짝이 없는 태도를 볼 때, 나는 일본 국민의 장래에 대해 암담한 불안을 느끼지 않을 수 없다.

'속고 있었다'고 말하면서 천연덕스레 아무렇지도 않은 국민이라면, 아마 이 뒤로도 몇 번씩이나 더 속아 넘어가게 될 터이다. 아니, 지금 이미 다른 거짓에 의해 속아 넘어가고 있음에 틀림없다.

한 번 속지 두 번 속지는 않는다는 진지한 자기반성과

노력이 없다고 한다면, 인간이 진보할 리도 만무하다.

위의 한 대목은 <장례식>[1985] <탄포포[민들레]>[1985] <마루사의 여자>[1987] 같은 작품으로 한국의 영화 팬에게도 알려진 영화감독 이타미 주조의 아버지이자, 마찬가지로 영화감독이었던 이타미 만사쿠가 2차 세계대전 직후에 쓴 「전쟁책임자의 문제」(『영화춘추』 창간호, 1946년 8월)의 일부분이다.

이미 싸움에서 패하고 있음에도 일부의 승전을 모든 곳에서 이긴 것처럼 발표하고, 이미 패주하고 있었음에도 그것을 작전 차원의 '진로변경'이라고 자랑하며, 최후에는 '가미가제[神風]'가 불어 일본이 승리하리라고 발표했던 군부를 모든 국민이 진실이라고 믿고 있었을 리가 없다. 그러함에도 모두가 자신이 믿고 싶은 것만을, 보고 싶은 것만을, 마치 모든 것의 진실인 양 보고 또 믿고자 했었다. 그리고 그것이 거짓이라는 게 밝혀지면 자신은 다만 속고 있었을 따름이라고 생각해버리는 것이다. 일본 국민의 그런 심리를 이해한 상태에서, 이타미 만사쿠는 특정한 누군가에게 책임을 떠넘기는 게 아니라 우선 각자 자기 자신에게 책임은 없는지를 반문해야 할 책임을 부과했던 것이다.

나는 고교 시절에 이타미의 이 글을 접한 이래, 무슨 일이 일어날 때마다 거듭 다시 읽고서는, 일본 국민의 한 사람으로서,

그리고 역사 연구에 관여하는 한 사람으로서, 결코 '속고 있었다'는 말 따위로 자신이 짊어져야 할 사회적 책임을 포기해선 안 된다는 점을 마음속 깊이 새겨왔다.

그리고 전후 75년, 나아가 집단적 자위권을 법적으로 인정한 안전보장 관련법을 강행 체결한 때로부터 5년 뒤인 2020년 오늘, 다시금 이타미의 말을 절실히 곱씹어보고 있다.

과연 오늘날의 일본 국민은, 개전의 대승리에 환희하지 않고 전쟁 수행에 반대한 사람을 '비非국민'이라는 이름으로 격렬히 비난했었다는 사실을 정면으로 마주하고 반성한 상태라고 할 수 있을까, 그런 반성 속에서 '속았다'는 편리한 말 한마디로 자기를 변호하는 일을 말끔히 그만두었다고 할 수 있을까. 아니, 어쩌면 '속았다'는 감각조차 사라진 게 아닐까, 다수 의견이 무엇인지 동향을 엿보면서 그 흐름에 동조할 것을 스스로에게 강제하게 된 것은 아닐까. 2020년 코로나 감염의 확대와 더불어 널리 퍼진 '자숙경찰自肅警察'[1]이라는 말, 그것이

* *
1. 「신형 인플루엔자 등에 관한 대책 특별조치법」 32조에 근거한 긴급사태 선언을 통해 정부가 행한 자숙 요청에 따르지 않는 개인 및 상점에 대해 편향된 정의감이나 불안감·공포심으로 사적인 단속과 공격을 행하는 일. '자숙자경단(自肅自警団)', '자숙폴리스', '정의중독', '정의충(正義廚[蟲])' 같은 말로도 표현됨. 이런 상황에 대해, 2차 대전 시기의 전시 슬로건 '원하지 않습니다, 이길 때까지는'이나 국민정신총동원 아래서의 상호 감시 세포 단위인 '도나리구미(隣組)'를 겹쳐보는 시각도 있음.

표현하는 상호 감시의 만연 같은 '동조同調 압력'의 행사는, 나처럼 퇴직 이후 은거하고 있는 사람의 몸에도 매번 육박해 오고 있다. 코로나와의 전쟁으로 국민이 한 몸이 되어 싸워야 할 비상시에 정부를 비판하는 자는 일본 국민이 아니라 비국민이라는 목소리가 다시금 들려온다.

그러한 '분위기에 의한 지배'의 현상은 일본 헌정 역사상 가장 오랫동안 내각 총리대신을 맡았던 아베 신조 수상이 '일강一強'으로 불리는 가운데 '손타쿠忖度[윗사람의 의중을 미루어 헤아림, 알아모심]'라는 말이 당당하고도 버젓이 통용되는 정치 상황과도 관계가 없지 않다. 애초에 국민은 '아베 일강' 정치의 무엇을 지지했던 것일까.

'아베노믹스'나 '세 개의 화살[대담한 금융정책, 기동성 있는 재정정책, 민간의 투자활성화를 통한 성장]'을 위시하여 '일억 총활약 사회' '지방 창생創生' '여성 활약 및 여성이 빛나는 사회' '간병 이직 제로' '노동방식 개혁' '생산성 혁명' 등, 처음부터 끝까지 성과 검증 한 번 없이 새로운 캐치프레이즈가 나타났다가 사라져갔다. 혹은 순간순간에 사람들의 흥미가 변하는 인터넷 시대에 한 가지 정책을 완수하기보다는 눈길을 끄는 것을 중시하여 사람들의 시선을 차례로 옮겨가게 하는 일이 지지층 조달에 필수적인 정치기술이 되고 있는지도 모르겠다. 그런 상황의 상징이라고 할까. 아베 수상 자신이 "정치는 결과에 관한 책임이다"라고 반복하여 강조했었음에도 사임 회견에서는 정권 최대의 기둥이었던 '아베노믹스'라는 단어 조차도 입에 담지 않았다. 관련 정책들의 결과 검증 없이, 사임한 수상에게 단 한 번의 책임을 질문하는 일도 없이 끝날 터이다.

다른 한쪽에서 보면, 국민의 다수가 정치의 결과 책임에 관심이 있는지 없는지는 불명확하다. 사임 직전의 여론조사에서 아베 내각의 지지율은 30%대로 일제히 떨어졌고 위험 영역에 이를 것이라는 예상이 나오고 있었다. 그럼에도, 울먹이며 사임을 발표한 이후 2020년 9월 2~3일에 <아사히신문>의 전화 여론조사에서는 제2차 아베 정권 7년 8개월의 실적에 관해 '매우 잘했다' 17%, '잘한 편이다' 54%를 합쳐 71%가 긍정적으로 응답했다. 어떤 정책을 얼마나 달성했는지 그 구체적 내용을 어떻게 판단했는지는 자세히 알 수 없다. 그 수치에는 '그만둬서 잘됐다'는 반응도 포함되어 있다고 비꼬아 말하는 사람들도 있다. 길거리의 목소리를 담아 방송됐던 인터뷰에서는 '병환과 싸우면서도 긴 시간 열심히 노력해주었다'거나 '물러날 때의 처신이 깨끗하다'는 등의 호의적인 반응이 수집되어 있었다.

두말할 필요도 없이 그런 사후 검증이나 팩트체크를 직무로 수행하지 않으면 안 되는 것은 미디어이며, 정치학·경제학·사회학 등의 연구자들일 터이다. 단, 사후 검증이나 팩트체크를 행하고자 할지라도 공문서의 개찬改竄[(특히 삭제·은폐·악용 등의 목적으로) 문장을 고침]이나 말소, 통계자료의 수치 조작 등이 공공연하게 행해졌기 때문에 사실에 근거한 공정한 평가가 불가능하게 됐다.

또 본래 아베 정권의 공죄功罪에 관해 사실을 들어 검증해야 할 책무가 있을 터인 미디어는 재빨리 그런 책무로부터 스스로를 해방시켰다. '아베 정치를 계승한다'고 분명하게 선언함으로써, 이제까지의 여론조사에서 차기 수상 후보 4-5위에 머물던 스가 요시히데 관방장관이 무리 없이 후계 수상이 되자, 그 기대감을 부채질하는 보도로 시종일관하고 있다. 그런 보도 속에는 스가 수상이 빈곤 속에서 취직하고 고학하면서 정치가로의 길을 걸었다는 따위의, 이미 사실과는 다르다는 점이 밝혀진 것들까지 가리지 않고 방류되고 있으며, 좋아하는 음식이 팬케이크라는 게 서민적이라서 호의를 갖게 된다는 식의 보도마저 있다. 정권의 '리셋感[감, reset]'을 어필함으로써 지지율 부양을 기획한 스가 수상 관저의 미디어 대책에 따른 효과도 있었겠지만, 스가 정권의 지지율은 역대 세 번째로 높은 70% 전후에서 출발했다. 그리고 새로운 정권을 이룬 각료들의 취미나 좋아하는 음식이 무엇인지 따위가 연일 보도되고 있다. 홍콩 민주화운동의 리더 가운데 한 사람인 저우팅周

應[아그네스 차우, 23세, '홍콩보안법' 위반 구속, 보석] 씨가 스가 내각 대신들의 취미나 좋아하는 음식 따위를 경쟁적으로 거론할 뿐 세계의 정세에는 무관심한 일본 미디어의 보도 자세를 두고 '그것이 대체 보도에 필요한 겁니까?'라고 위화감을 표시해도, 많은 국민에게는 그런 상황 자체가 왜 문제인지조차 의식되지 못하는 듯하다.

기대할 게 거의 없지만, 금후에 혹여 일본의 보도기관이 냉정하게 팩트체크를 행하는 일이 있다면, 아베 수상의 사임에 이르는 프로세스에 관해서도 상식적으로 의문이 많다는 점에 주목해야 할 것이다. 정치가에게 자신의 건강은 동서고금을 불문하고 가장 비밀리에 은닉되어야 할 사안임에도, 사임에 이르기까지 두 번씩이나 병원 출입이 보도기관에 미리 알려졌으며 통원하는 모습이 방영되기까지 했다. 그리고 코로나 재앙으로 병에 대해 극히 신경질적인 상태에 놓여 있는 국민감정에 호소하려는 듯, 병에 맞서 싸우는 수상의 모습이 강조됐었다. 평상시라면 정치가가 공적인 장에서 눈물을 보이는 일은 금기시되고 있음에도 사임 회견 때의 아베 수상에 대해서는 울먹이는 목소리를 비판하는 일조차 허용되지 않는 분위기가 형성되어 있었다. 아베 정권에 대한 71%의 긍정적 평가는 정치적 실적보다는 병든 몸이면서도 긴 시간 정권을 지속했다는 점과 관련되어 있을 터이다.

하지만 아베 총리 재임 시의 여론조사에서 지지하지 않는 이유 가운데 다른 수상들과 두드러지게 달랐던 것으로서, '사람됨을 신뢰할 수 없기 때문'이라는 응답이 많았다는 점, 정권에 대한 지지 역시도 '적당한 내각이 달리 없기 때문'이라는 소극적인 이유에 불과했다는 점은 벌써 망각되어버리고 만 듯하다.

여기까지, 한국의 여러 독자들께 그다지 흥미가 없을 일본이라는 좁은 세계에서의 사건들을 굳이 서술한 이유는, 일본의 입헌주의와 그것을 지탱하는 국민의식이나 미디어의 현 상황이 한일관계에 관한 언론의 현 상황을 낳고 있는 것과도 연관되어 있기 때문이다. 반한反韓이나 혐한嫌韓 같은 언설은 아베 정권의 암반 지지층과 공명해왔으며, 전후 최악이라고 말해지는 작금의 한일 관계는 아베 정치를 계승하겠다고 공언한 스가 정권을 국민이 지지하는 이상, 급진전될 가능성은 낮을 터이다. 자국 내부의 정치적/경제적 정체 상태나 실패에 대한 비판의 창끝을 타국으로 돌리는 것은 어느 나라 어떤 정권일지라도 손쉽게 채택할 수 있는 시책이다. 그런 안이한 외교정책에 맞서 체크를 해보는 것도 입헌주의의 중요한 사명이다. 그러나 유감스럽게도 일본만이 아니라 세계 각국에서 '자국제일주의'의 정치가 대두하는 중이며 그 세력은 증강되고 있다.

그러한 사태에 박차를 가하고 있는 것은 대중의 인기만 얻으면 된다는 정당정치에 수반되는 포퓰리즘과 '숫자數가 힘'이라는 민주주의관의 침투이다. 분명, 민주주의는 다수결에 의해 최종 결정에 이른다. 그러나 숙의에 뿌리박고 합의에 이른다는 프로세스나 소수 의견의 존중이라는 정치 문화가 뿌리내리지 않는다면 다수자에 의해 소수자의 권리가 박탈되는 사태, 즉 '다수자의 전제專制'가 초래된다.

　　너무도 초보적인 논의라서 송구스럽지만, 잘 알려져 있듯 '의회Parliament'는 '이야기한다'는 뜻을 지닌 프랑스어 parler에서 왔으며, 이야기하는 일을 기피할 때 의회의 존재 이유는 사라지며 입헌주의 역시도 공문화空文化[사문화(死文化)]된다. 그러한 사태를 피하기 위해서 일본국 헌법에서도 제53조를 통해 "내각은 국회 임시회의의 소집을 결정할 수 있다. 어느 쪽 의원[중의원·참의원]이든 전체 의원 4분의 1 이상의 요구가 있다면 내각은 그 소집을 결정하지 않으면 안 된다"고 내각에 의무를 부여하고 있다. 나아가 「자민당 개헌 초안」은 그런 임시 소집과 관련하여, "어느 쪽 의원이든 전체 의원 4분의 1 이상의 요구가 있던 날로부터 20일 이내에 임시회의가 소집되지 않으면 안 된다"고 좀 더 엄격하게 기한까지 규정하고 있다. 그러나 그런 개헌 초안을 내걸고 있으면서도 아베 정권은 규정에 근거한 의회 소집 요구가 세 번씩이나 있었음에도 태연히 무시하였다.

즉, 헌법 위반 행위가 관례가 되고 만 것이다. 입헌주의의 붕괴라는 사태가 이미 착착 진행되고 있다는 예증 가운데 하나가 그 지점에 있다.

물론 의회의 다수파는 국민에 의해 선출된 의원으로 구성되는 이상, '다수자의 전제'를 낳게 되는 것 역시도 국민 자신이 지닌 의식의 반영이다. 그런 뜻에서 국민은 자신이 지닌 정치적 견식 이상의 국회의원·대의사代議士 또는 총리대신·대통령을 가질 수 없다. 입헌주의가 그 기능을 발휘하는가 붕괴하는가를 가르는 것도 의회의 자정自淨 작용만이 아니라 국민 자신의 감시 능력과 기억하는 힘에 의한 것이라고 해야 한다.

이 책에 수집되어 있는 논고들은 그런 국민 자신의 감시 능력과 기억력을 다음 세대의 사람들에게 물려주기 위한 하나의 사료가 되었으면 하는 생각에서 촉발됐던 것들이다.

* * *

되돌아보면, 2015년 9월 일본의 국회에서는 이제까지 정부의 정식 헌법 해석에서도 이미 불가능한 것이 되어 있던 집단적 자위권을 인정하는 안전보장 관련법이 강행 처리되어 성립되었다. 그러나 그런 강행 이전 단계에서 이미 위원회 의사록은

허위로 기재된 것이었음이 밝혀졌다. 의회의 의사록이라는 공문서의 개찬이 백주대낮에 당당히 행해졌던 상태에서 안전보장 관련법이 성립됐던 것이다.

나는 그 조작 문제를 지적한 다음, 맞서야만 될 과제를 다음과 같이 설정했었다. 즉, 직업정치가나 관료에 의해 "좌지우지 당하고 있는 민주주의의 룰에 대항하여, 카운터[counter]로서의 '열린 가능성'에 뿌리박은 민주주의를, 그리고 영속 점검의 과정으로서 지속되는 민주주의를, 지키는 게 아니라 창출해낼 필요"(『세계』, 2015년 11월호)가 있는 게 아닐까 하고 말이다. 안전보장 관련법 성립 이후, 거리에서 시민이 정치적 의견을 표명하는 일이 억제되고 있고 현저히 감소하고 있다. 거기에는 아베 정권 아래서의 「특정비밀 보호법」, 안보법제, 대외정책을 둘러싸고 진행된 국민의 분절화와 정부에 의한 미디어 컨트롤의 강화가 짙게 반영되어 있다.

다른 한편, 한국·대만·타이 등에서는 카운터로서의 '열린 가능성'에 뿌리박은 민주주의를 향한 운동이 침투되고 있는 것처럼 보이는데, 이는 일본과 좋은 대조를 이룬다. 홍콩에서는 그런 움직임이 질식되어 민주주의의 위기에 직면해 있지만, 여전히 저항은 이어질 터이다. 나 자신은, 민주주의와 입헌주의의 획득과 정착을 요구하면서 굴하지 않고 일어나고 있는 각 나라 및 지역 사람들의 자발적인 활동을 주시하고 계속 배워가고 싶다는 마음 절실하다.

　1889년 흠정欽定[군주의 명에 따라 제정된]헌법인 「대일본제국 헌법」의 발포 속에서 동아시아 최초로 의회 개설을 규정했다고 메이지 정부가 선전했을 때, 그것을 읽고는 '다만 쓴웃음이 나왔을 따름'이라고 말한 자유민권운동의 이론적 지도자 나카에 초민은 이렇게 탄식했다. "우리에게 하사된 헌법이란 과연 어떤 것인가. 옥玉인가 기와瓦인가, 아직 그 실질을 눈으로 확인하기도 전에 국민은 어리석어지고 광분하게 된다. 어찌하여 그리 되었을까."[가사 일을 도우며 학생으로 있던 고토쿠 슈스이에게 했던 말] 나카에는 헌법 제정에 앞서 민주주의라는 것 속에는, 군주 등에 의해 부여된 '은사적恩賜的 민권'과 국민이 본래 자신의 것인 권리를 자력으로 탈환한 '회복적 민권'이 구별되고 있다는 점에 주의를 촉구하고 있다[『삼취인 경륜문답(三醉人経論問答)』, 1887]. 그리고 개인이 가진 자연권Natural rights으로서의 자유와 평등에 기초한 민주주의와 그것을 유지해가기 위한 입헌주의는 자기 자력으로 획득하고 수호해가지 않으면 손아귀에서 곧바로 빠져 나가버린다고 설파했었다.

　나카에 초민의 그런 주장과 한국 및 대만 사람들의 일상적인 정치 관여 방식을 합쳐서 생각해볼 때, 카운터로서의 열린 가능성에 뿌리박은 민주주의와 영속 점검으로서의 민주주의를 창출해가야 할 필요성이 일본에서는 지금도, 아니 지금이야말로 피해서는 안 될 필수적인 과제로 드러나고 있음을 재차 통감하지 않을 수 없다.

현재의 일본 사회에서는 무엇이든 알기 쉽게 한마디로 정돈하는 게 중시되고 있다. 복잡한 역사적 사정도 자기애를 표현할 뿐인 조잡한 이야기로 받아들여지며, 조금이라도 비판적인 견해를 말하면 '반일反日'이나 '좌익'이라는 레테르가 붙고 공격받게 된다. 본래 다양한 세부들이 뒤얽힌 가운데서 생각하지 않으면 안 될 사람들의 경험의 존재방식에 주의를 기울이지 않은 채, 정신세계는 계속 공허해지고 있다. 정치적 판단도 논증을 제거한 채 좋은가 싫은가라는 이분법으로 간단히 정리되고 있다. 미디어나 출판계에서도 정중한 논의를 피하고 단순화할 것이 요청된다. 그런 언론 상황 속에서 나와 같은 이는 완벽히 시대에 뒤쳐진, 화석화된 표현에 계속 집착하는 사람에 가까워져버렸다.

나는 복잡해 보이는 사소한 사실들의 연결 속에 역사나 현실을 심층에서 움직이는 힘이 잠재해 있다는 점을 생각하면서 '사상연쇄'라는 시점을 중시해왔다. 예컨대 안중근의 '동양평화론'에서 일본국 헌법 9조로 이어지는 사상수맥을 '발견'했을 때 몸이 떨려오는 체험을 했던 일도 그런 태도와 시점 덕분이었다고 생각한다.

여기에 실린 논고들이란 이미 과거의 것이 되어 있음에

틀림없다. 하지만 역사 연구를 오래도록 지속하면서 다시금 감지하게 되는 것은, 지극히 유감스럽게도, '인간의 무엇보다 강한 힘은 망각하는 힘이고 무엇보다 약한 힘은 기억하는 힘이다'라는 사실이다. 이를 역전시켜, '인간의 무엇보다 강한 힘은 기억하는 힘이고 무엇보다 약한 힘은 망각하는 힘이다'라고 자신감을 갖고 기록할 수 있는 역사 연구가 그리 멀지 않은 미래에 나타나길 바라고 있다. ― 지금은 다만 그렇게 바랄 따름이다. 그런 연구가 하루 빨리 나타나도록 한국의 독자들께서도 함께 지지해주시길, 그리고 사실을 통해 그 연구를 실증해주시길 바라면서, 여기까지의 간단한 글로나마 인사를 대신하고 싶다.

마찬가지의 생각을 국경이나 나이를 넘어 나보다 더 강하게 품고서, 한국과 일본의 정치 및 역사의 존재방식을 직시하고 있는 윤인로 씨에 의해 이 논고들이 편집되고 번역될 수 있었던 것은 진정 감사한 일이다. 그 진력에 충심으로 감사함을 표하고 싶다.

엄혹한 출판 시장 상황 속에서도 이 책을 간행해주신 '도서출판 b'의 후의에도 깊은 감사를 드리고 싶다. 일본에서의 헌법 개정이라는 정세를 함께 공유하려는 편역자와 출판사로부터 내가 느꼈던 의지, 곧 "의義를 보고도 행하지 않음은 용기가 없음이다'(『논어』위정爲政편)라는 말이 떠오를 만큼의 정열과 의협심에 이 책의 내용이 상응할 수 있다면 다행이겠다.

2020년 9월 20일
야마무로 신이치

| 차례 |

제1장

'붕헌崩憲[헌법 붕괴]'으로 향하는 위험한 길

'진의眞意'를 물에 떠내려 보내지 않는다

2013년 7월 참의원 선거에서 자신들의 뜻대로 중의원·참의원의 불균형을 해소했으나 헌법 개정에 필요한 3분의 2 이상의 의석에는 이르지는 못한 시점에서 이미 예상됐던 사태였지만, 아베 정권은 헌법 해석 변경에 따른 실질적인 헌법 개정을 목표로 정권의 움직임을 본격적으로 시작했다.

처음엔 참의원에서 헌법 96조['헌법 개정의 수속'을 규정하고 있음]의 개정을 쟁점으로 거론했지만, 여론의 지지가 확보되지 않자 언급을 피하고 쟁점을 숨기기까지 했던 아베 신조 수상은, 이번 참의원 선거 이후 향리의 후원회에서 "헌법 개정은 나의 역사적 사명"이라는 말로 헌법 개정에 몰두하겠다는 결의를 보였다. 하지만 3분의 2 이상의 의석에 이르지 못한 만큼, 성의 해자垓字로 기능하는 96조 개정은 물론이고 본거지라고 할 수 있을 9조의 개정도 힘들어졌다.

그럼에도 중의원·참의원 모두에서 과반수를 얻은 고양감도 한몫을 했던지 7월 29일 아소 다로 부총리[1]는 헌법 개정에 관해 언급하면서 다음과 같이 발언했고, 국제적 비판을 초래했다. "나치스 정권 아래의 독일에서 헌법이란, 어느 날 알아차려보니 바이마르 헌법에서 나치스 헌법으로 변경되어 있었던 겁니다. 누구도 알아차리지 못한 상태에서 바뀐 것이지요. 우리가 그런 수법을 배운다면 어떨까요." 사태가 심각해지는 게 두려웠던 정부는 이 발언의 철회를 요구했고 아소 부총리 역시도 나치스를 "나쁜 전례前例"로서 인용했을 뿐이라고, "나의 진의와는 달리 오해를 초래한 점에 대해 유감을 표한다"고 해명하면서 일단 마무리를 짓고자 했었다.

그러나 유튜브에 있는 아소 씨의 음성을 확인해도, 전후의 문맥을 포함하여 어디에서 '나쁜 전례'로서 거론됐는지 전혀 명확하지 않다. 위안부 발언으로 국내외로부터 엄중한 비난을 받았던 하시모토 도오루 오사카 시장 겸 '유신의 모임' 공동대

----

1. 92대 내각 총리대신(2008~2009년, 355일간), 2020년 10월 현재 부총리·재무대신·특명담당대신(금융 부문), 자민당 내 제2파벌 아소파의 수장, 중의원 (13선, 현 81세), 로마 가톨릭.

표는 다음과 같이 발언하면서 아소 씨를 옹호했던 듯하다. "그의 취지는 결코 나치스 독일을 정당화하려던 게 아니다. 나치스가 탄생했던 민주주의의 사정이 있기에 '헌법 개정에 관한 논의를 신중하게 하지 않으면 안 된다'는 취지였던 게 아닌가 한다. 그랬기에 '수법'이라는 말을 썼을 것이다. 발언을 철회한 것은 아소 씨의 판단이라고 생각한다. 나치스 독일을 정당화하기 위한 말이 아니었다는 점은 국어 해독 능력이 있다면 모두가 알 터이다." 나는 하시모토 씨에게 '국어 해독 능력'이 있기를 바란다.

다른 한편에서, 헌법 개정에 적극적인 입장을 가진 <요미우리신문>은 아소 씨를 두고 이렇게 썼다. "그것이 수상 경험자가 할 말인가. 현재 주요 각료로서의 자질까지도 의심하지 않을 수 없다. (…) '수법을 배운다'는 표현은 전적으로 부적절했다. 헌법 개정을 위한 발언이었다는, 그 의도까지도 전혀 이해받을 수 없을 것이다. 헌법 개정에는 국회의 발의만이 아니라 국민투표가 필요하며 '어느 날 누구도 알아차리지 못한' 상태에서 헌법이 개정될 리는 없다. (…) 참의원 선거에서의 대승으로 정권의 규율이 느슨하게 풀려버린 게 아닐까. 아소 다로 씨의 발언은 그 틈새로 어떤 오만함마저 엿보인다." 이는 아소 씨의 발언이 헌법 개정 반대의 불씨로 옮겨 붙지 않도록 관리하고 배려하는 사설로서 8월 3일에 게재되었다.

물론 아소 부총리 역시도 국민이 알아차리기 전에 헌법을 바꾸는 나치스의 수법을 배움으로써 현실적으로 헌법이 개정될 수 있다고 진심으로 생각했던 것은 아닐 터이다. 하지만 그 발언의 진의를 사리에 맞게 이해하는 일은 결코 쉬운 게 아니다. 아베 내각의 역사 인식에 대한 의문이 국내외로부터 쏟아지고 있는 와중에, 부총리라는 '정권의 요충'적 역할을 맡은 아소 씨의 발언을 계기로 삼아, 역사 인식 문제에 머물지 않고 정권이 헌법을 어떻게 개정하고자 하는지, 그 근저에 민주주의 및 입헌주의에 대한 어떤 관점이 자리하고 있는지를 정리하고 검토해두는 것은 결코 쓸데없는 일이 아닐 터이다.

  어떤 발언이 문제가 됐을 때, 언제나 '진의와는 다르다'고 해명하면서 철회하기만 하면 물에 떠내려 보낸 듯 끝나버리는 일이 반복됨으로써 역사 인식은 더욱 심각한 문제가 되어 왔다. 그런 실언, 혹은 함부로 내뱉은 말을 '애교'로 봐주고는 곧바로 망각해버리는 정치문화에 맞서 제대로 피리어드[종지부]를 찍고 발언에 책임을 지게 하는 것이 일본의 정치가가 국제정치 무대에서 신뢰와 인정을 받기 위한 필수적인 과제가 되고 있다.

  그런 망각을 막기 위해서, 번거로움을 마다하지 않고 아소 씨의 발언을 살펴보기로 하자. 그는 이렇게 말했다. "독일의 히틀러는 민주주의에 근거한 제대로 된 의회에서 다수를 점하면서 출현했던 겁니다. 히틀러는 흔히 군사력으로 정권을 잡은 사람으로 여겨지곤 하는데, 전혀 아닙니다. 그는 민주적 선거에서 뽑힌 사람이니까. 독일 국민은 히틀러를 선택했습니다. 착각하지 마세요. 그리고 그는 바이마르 헌법이라는, 당시 유럽에서 가장 진전된 헌법 아래에서 나왔지요. 헌법이 아무리 좋게 잘 되어 있을지라도 그런 일은 언제든 일어날 수 있습니다. (…) 우리는 헌법을 제대로 개정해야 한다고 줄곧 말해왔는데, 개정된 헌법을 어떻게 운영해갈지는, 이에 관련된 여러분이 투표한 의원의 행동에 맞춰, 그 사람들이 갖고 있는 견식에 따라, 긍지에 따라 최종적으로 결정되어갈 겁니다."

이 주장은 아무리 민주주의적인 헌법 아래에서의 선거일지라도 잘못된 지도자가 선택될 수 있다는 뜻으로 읽을 수 있다. 그런 취지라고 한다면, <요미우리신문>의 사설이 주장하는 '선거에서의 대승으로 정권의 규율이 느슨하게 풀려 오만해진 것'이라기보다는 일본국 헌법 아래서도 히틀러와 같은 정치지도자가 나타날 수 있는 가능성이 있고, 의회에서 다수를 점한 자민당 의원들이나 아베 수상에 대한 경계와 자중을 호소하는 것으로도 읽을 수 있을 터이지만, 아마 아소 씨에게 그런 의도는 없었을 것이다.

이어 인용할 아소 씨의 발언은 자민당에서 헌법 개정 초안을 만들었을 때의 이야기이다. "어디가 문제인가. 우리는 제대로 고쳐 초안을 만들어냈다고, 여러 의견들을 수십 시간에 걸쳐 듣고 만들었지. (…) 서로의 의견이 분분하여 언쟁하기도 했지만, 전체적으로는 30명이든 40명이든 극히 조용히 대응해왔다. 자민당의 각 부문 회의에서도 서로 큰소리치는 일이 없었는데, 우리는 이번 헌법 개정도 광분과 소란으로 웅성거리는 상태 속에서 처리하고 싶지 않다."

이 발언에서는 자민당 개정 초안이 열정적인 논의를 거듭하며 만들어진 것이고, 이에 대해 광분과 소란 속에서 논의하고 싶지 않다는 희망이 표명되어 있는데, 표면적 의미를 따라 순순히 읽으면, 조용한 논의 환경 속에서 헌법 개정 문제에 관한 숙의를 진중하게 거치고 싶다는 말이 된다. 그러나 그 발언의 속뜻을 읽으면 자민당 개정 초안은 숙의의 결과를 말끔히 정돈한 것이며 이를 비판하는 것은 광분과 소란에 다름 아닌 것이므로 그만두길 바란다는 뜻으로 이해될 수 있을 것이다.

문제가 되고 있는 바이마르 헌법의 개정에 관해서는, 예의 저 '나치스의 수법을 배우면 어떨까'라는 발언 뒤에 다음과 같이 이어진다. "웅성웅성 소란 일으키지 마시길. 참으로 모두가 좋은 헌법이라고, 모두가 납득한 상태에서 헌법을 개정하고 있으니까. 그런 뜻에서 나는 민주주의를 부정할 생각은 전혀 없습니다만, 우리가 거듭 말하고 있듯이, 싸움 속에서 헌법 개정에 관해 결정하고 싶지는 않습니다."

존재할 리가 없는 '나치스 헌법'에 의해 바이마르 헌법이 '누구도 알아차리지 못한 상태에서 바뀌었다'는 것은 물론 사실이 아닌데, 다만 아소 씨의 발언은 의회의 승인이나 비준 없이 입법이나 조약을 성립시킬 권한을 나치스에게 부여한 '전권 위임법' 체제[2]로의 이행을 가리키는 것이라고 하겠다. 하지만 모두가 '좋은 헌법'이라고 납득한 상태에서 헌법을 개정하고 있다는 그의 말이, 민주주의 아래서 좋은 헌법이라고 납득한 상태로 개정이 행해질지라도 비극적인 결말이 초래될 수 있음을 시사한다고 할 때, 아소 부총리의 역사 인식은 지극히 풍부하게 함축적인 것이라고 봐야할 터이다. 그 진의를 망각하지 않는 일은 대체 어떤 것인가.

· ·

2. 1933년 1월 30일 히틀러 내각이 성립된 직후, 독일 국회의사당 방화사건을 계기로 히틀러는 비상사태를 선포하고 독일공산당 간부를 체포하면서, 이 '전권 위임법(全權委任法, Ermächtigungsgesetz)'을 국회에 상정했다. 이는 비상사태 아래에서 입법부가 행정부에 입법권을 위임하는 법률. 정식 명칭은 '민족과 국가의 위난을 제거하기 위한 법률(Gesetz zur Behebung der Not von Volk und Reich)'. 1933년 3월 24일 이 법률안은 돌격대(SA)와 친위대(SS)가 임시 국회 의사당인 크롤 오페라 하우스를 둘러싼 상태에서 통과됐다(당시 나치당은 전체 647석 가운데 45%인 288석 제1당이었고, 독일 국가인민당 52석, 독일중앙당 73석 등 제국의회 원내 1~3당 전원이 찬성표를 던졌다. 반대표는 독일사민당 120석 가운데 94석, 독일공산당 81석은 전원 출석하지 못해 기권 처리).

'원하면 이루어지는' 개헌?

위와 같은 아소 발언이 하시모토 시장의 지적처럼 단지 '지나친 블랙조크'로서 국제적으로 적당히 받아 넘겨질 수 있는 게 아니라는 점을 당연히 의식해야 하며, 나치스를 언급하고자 했다면 거듭 신중을 기해야 했다는 점은 새삼 두말할 필요도 없다.

그 진짜 의도가 어떤 것이었든 국익을 해쳤고 일본인의 국제관계 인식이나 역사 인식이 그 정도밖에 되지 않는다는 오해와 반발을 초래한 아소 발언은 어쩌면 문제로 삼을 필요조차 없는 정도의 것일지도 모른다. 그러나 '민주주의를 부정할 생각은 없으되 싸움 속에서 헌법 논의를 결정하고 싶지 않다'는 그의 주장에는 분명히 민주주의를 회의하는 입장, 국민에 의한 헌법 논의를 싸움으로 간주하는 입장이 견고하게 잠재되어 있음을 간과할 수 없다고 하겠다.

그것 이상으로 아소 발언을 여느 때처럼 '말의 경솔함'으로 간과할 수 없는 이유는, 아베 정권이 집단적 자위권의 행사를 현행 헌법 9조를 개정하지 않은 채로 용인한다는 방책으로 착착 포석을 놓아 가고 있기 때문이고, 조문의 개정을 통해서가 아니라 해석 변경을 거듭하는 정권의 방식과 '누구도 알아차리지 못한 사이에 헌법을 바꾼다'는 아소 씨의 말이 눈앞에 현실화되는 사태가 오버랩되어 보이기 때문이다.

의도했든 아니든, 아소 발언은 사회학자 로버트 머턴(『사회이론과 사회구조』, 1957)이 정의했던 '자기 성취적 예언self-fulfilling prophecy'이 될 개연성이 높다. '자기 성취적 예언' 혹은 '예언의 자기실현'이란 최초의 잘못된 상황 규정이 새로운 행동을 불러일으키고 그 행동이 당초의 잘못된 사고를 진실한 것으로 바꾸고 마는 사태를 가리킨다.

그런 뜻에서 현재의 헌법 상황을 비춰보면, 대외적 위협의 증대에 대비하기 위한 군사력 강화 및 무력행사의 절박함이라는 상황 규정과 그런 규정에 의해 진행되는 집단적 자위권 행사의 용인은, 그런 애초의 상황 규정 곧 대외적 위협 및 군사력 행사를 그 자체로 진실한 것으로 바꾸고 말 가능성이 있다. 군비 증강과 집단적 자위권 행사의 용인은 그것에 대한 타국의 경계 강화 및 군사력 증강을 초래하면서 결과적으로 애초의 군비 증강 및 집단적 자위권 행사의 용인을 정당화하는 '안전보장의 딜레마'에 빠지게 되며, 되돌릴 수 없는 군비 확장 경쟁의 악순환을 초래하는 일 역시도 피할 수 없게 되는 것이다.

아베 총재가 이끄는 자민당은 2012년 12월 중의원 선거에서 헌법 9조의 개정을 선행시키겠다는 공약을 내걸었고, 그 실현을 위해 중의원·참의원 양원에서 3분의 2 이상의 의석 획득을 노렸지만 실패했고, 여론의 지지를 얻지 못한 채로 '이번 국회에서는 즉각 헌법 개정 발의를 행하지 않는다'고 선언, 참의원 선거에서도 쟁점화를 피하지 않을 수 없게 되었다. 아베 정권은 헌법 개정에 필요한 의석수에 미치지 못하는 과반수에 머물렀기 때문에 헌법 개정을 실현하는 데에는 적어도 6년 이상이 걸릴 것이라고 판단했고, 그렇기에 과반수로 체결 가능한 법률안을 통해 소기의 목적이었던 헌법 9조의 실질적 개정을 진행시키는 방침으로 방향을 틀었던 것이다. 아베 수상이 참의원 선거 이후인 2013년 7월 22일 기자회견에서 '안전보장 환경이 크게 변하고 있는 가운데 국민을 지키기 위해 무엇이 필요한지를 중점에 두고 계속 논의를 진척시키겠다'고 말하면서 집단적 자위권 행사의 용인을 가속시키겠다는 결의를 표명하게 된 배경에는 그런 방침의 변화가 있었던 것이다.

계속 이어지고 있는 포석

그런 방침을 추진하는 엔진은 2007년 제1차 아베 내각에서 수상의 사적 자문기관으로 설치된 <안전보장의 법적 기반 재구축에 관한 간담회>(이하 <안보법제 간담회>로 약칭)인데, 2012년 2월에 다시 시동을 걸고 있다. 알려진 바와 같이, 1차 아베 수상의 퇴진 이후인 2008년 <안보법제 간담회>는 보고서를 통해, 집단적 자위권의 행사와 국제연합의 집단 안전보장에의 참가는 헌법상에서도 가능하다고 정부에 답신하고, "공해

상에서 함께 행동하는 미군 함정에 대한 공격에 응전한다'거나 "미국을 향한 탄도 미사일을 요격한다" 등 네 종류의 대응이 필요하다고 주장했다. 그러나 보고서를 받은 당시의 후쿠다 야스다 총리가 해석 변경을 인정하지 않았기 때문에 그 보고서는 사실상 '창고로 보내진 것'이 되었다.

재개된 <안보법제 간담회>는 집단적 자위권의 행사를 네 종류로 한정하지 않고 자위권 행사의 대상국도 미국 이외의 다른 나라로도 넓히는 보고서를 2013년 가을 정부에 제출할 예정이라고 밝혔다. 그리고 오노데라 이츠노리 방위상에 따르면, 그 보고서의 제언을 근거로 결정된 정부 방침이 새로이 책정될 신방위대강新防衛大綱에 반영될 것으로 전망된다. 즉, 집단적 자위권 행사에 찬성하는 사람들로 만들어진 수상의 사적 자문기관 소속 10여명의 답신에 따라 정부의 방침이 결정되고, 그 위에서 새로운 방위 정책의 골자가 결정되는 것이다. 반대 의견이 반영되는 일 없이 처음부터 결론이 정해진 집단적 자위권 행사의 방침에 따라 헌법 해석만이 아니라 국가의 존망에 밀접하게 관계된 안전보장의 근간까지 결정되고 마는 것이다.

그리고 그런 일련의 시책을 추진하기 위한 다음 포석으로서, 집단적 자위권 행사를 두고 헌법상 용인될 수 없는 것이라는 입장을 피력했던 내각 법제국 야마모토 스네유키 장관을 퇴임시키고 1차 아베 내각 때의 <안보법제 간담회>에서 사무 작업에 관여했던 고마츠 이치로 프랑스 대사를 후임에 앉히는 내각 결정이 뒤따랐다.

법제국장관은 법무, 재무, 총무, 경제산업의 4개 성畓 출신자가 차장을 거쳐 임용되는 것이 통례임에도, 그런 경험이 없는 외무성 출신 고마츠 씨가 기용되는 것은 처음 있는 이례적 사태였다. 그것만이 아니다. 이 인사 결정은 역대 자민당 내각에서도 견지되고 있던 "집단적 자위권 행사는 우리나라를 방위하기 위해 필요한 최소한도의 범위를 넘지 못하며, 이를 넘어서는 일은 헌법상 허용되지 않는다"(1981년 「정부 답변서」)는 헌법 해석을 뒤집고 '집단적 자위권 행사와 군사행동을 포함한 국제연합 집단 안전보장에의 참여는 헌법상 허용된다'는 해석으로 전환시키기 위한 조치였다. 이는 누구의 눈에도 명확히 보이는 것이다. 그러하되 그렇게까지 노골적인 인사를 단행한 데에는 당연히 그 나름의 이유가 있다.

이미 2013년 7월에 방위성이 발표한 '방위대강의 구축을 위한 중간보고'에는 수륙양용의 해병대적인 기능을 확보하는 일이 중요 사안으로 명시되어 있다. 거기에는 적의 미사일 기지를 공격하는 '적敵 기지 공격능력'[이는 2020년 9월 아베의 퇴진 이후 다시 논점이 되고 있는 사안]의 정비가 이미 검토되고 있고, '상대방이 미사일 발사에 착수한 이후에 공격하는 것은 선제공격이 아니므로 헌법상 허용된다'는 입장을 취하고 있다. 그런 군사적 활동은 전후 일관되게 유지되어 왔던 전수방위專守防衛라는 원칙을 깨는 것이며, 내각 법제국이 헌법 해석을 바꾸어 용인하지 않는 이상 실현될 수 없는 것이다.

아베 내각이 내각 제출법안(각법閣法)으로 국회에 보냈던 「국가안전보장 기본법」은 "우리나라 혹은 우리나라와 밀접한 관계의 타국에 대한 외부의 무력 공격이 발생한" 경우, 집단적 자위권이 발동될 것임을 전제로 삼은 법률 구성을 보이고 있다. 내각 법제국이 행하는 헌법과의 정합성 심사가 필요하겠지만, 이 기본법은 현재까지의 역대 정부 견해=내각 법제국 견해와는 합치하지 않는 다른 해석에 근거해 있다.

「국가안전보장 기본법」 제10조에서는 "이와는 별도로, '무력 공격 사태법'과 짝이 될 '집단자위 사태법'(가칭) 및 자위대법에서의 '집단자위 출동'(가칭)의 임무규정, 무기사용 권한에 관한 규정이 필요"하다고 부기되어 있고, 제11조에서는 「국제연합 평화협력법」이라는 일반법에 따라 일본의 군대를 해외로 파견할 수 있게 하는 개정이 행해지도록 되어 있다. 이는 참의원 선거 공약 가운데 '국제협력 일반법의 제정'이라는 사안으로 거론됐던 것인데, 이 법안이 성립되면 미국이 주도하는 '테러와의 전쟁'이라는 명목 아래 인도양에서의 급유 활동이나 이라크 전쟁에서의 부흥 지원과 관련하여 별개의 '특별조치법'

으로 대응해왔던 종래의 법제가 근본적으로 바뀌어 일반법에
의한 자위대 파견이 손쉽게 행해지게 된다. 이는 무엇보다
전수방위라는 원칙에 기초하여 정비되어왔던 자위대가 군대
로 바뀌어 군사행동에 나서게 되는 일대 전환을 예고하고
있다.

「국가안전보장 기본법」 제12조는 "방위에 이바지하는 산업
기반의 보존 및 육성을 배려한다"거나 "무기 및 그 기술 등의
수출입은 우리나라 및 국제사회의 평화와 안전 확보라는 목적
에 이바지하기 위해 행해져야 한다"고 규정하는데, 이는 기존
'무기 수출 3원칙'[3]을 점차적으로 무효화시키는 규정에 다름
아니며, 역시 기존 헌법 해석의 변경이 불가결한 것이다. 덧붙
여 「기본법」 제6조에서는 '국가안전보장 회의'가 방위·외교·
경제 및 이외의 여러 시책들을 조정하고 종합하여 '안전보장
기본계획안'을 작성한 다음 각의 결정할 것이 요청되고 있다.

무엇보다 주시해야 할 것은 「국가안전보장 기본법」 제3조

· ·
3. 국제연합에 의해 무기 금수(禁輸) 조치를 받은 국가, 공산권 국가, 분쟁지역
   및 분쟁의 우려가 있는 곳에 무기를 수출하지 않는다는 각의 결정으로,
   1967년 사이토 수상의 중의원 결산위원회에서의 답변에 근거한 것임. 1976
   년 미키 다케오 수상의 중의원 결산위원회에서의 답변에 근거하여 기존
   3원칙에 다음과 같은 문장이 덧붙여졌음. '3원칙 대상 지역과 관련하여
   헌법 및 외환·외국무역관리법의 정신에 따라 무기 수출을 삼간다.' 2014년
   4월 1일, 이 3원칙은 '방위 장비 이전 3원칙'으로 교체되었다. 이는 집단적
   자위권 행사를 위한 포석의 일환이었다.

3항이 "나라(國)는, 우리나라의 평화와 안전을 확보한 상태에서 필요한 비밀이 적절히 보호되도록 법률상·제도상 필요한 조치를 강구한다'라고 규정하고 있는 점인데, 이에 근거하여 「특정비밀 보호법」이 제출될 예정이다.[4] 그 입법 의도는 미일 방위정책 수정·협력에서 합의됐던 정보 공유를 진척시키기 위한 게 아니라 집단적 자위권에 근거하여 일본과 미국이 공동으로 군사행동을 취할 경우에 쌍방의 비밀정보를 안전하게 보전할 필요가 있기 때문이다. 이로써 미일의 군사 당국자들에게 있어 불편한 정보를 취득하거나 공표하는 저널리스트나 민간인에 대해서는 정보 취득의 죄를 물을 수 있게 되고 내부고발한 공무원 등에게도 특정기밀 누설의 죄를 물어, 각기 최장 10년의 징역을 부과할 수 있는 중범죄로 규정된다.

법의 그러한 정비가 국민의 알 권리나 취재의 자유, 프라이버시 보호 등에 저촉될 위험성이 높기 때문에, 「특정비밀 보호법」에는 확대해석으로 기본적 인권이 부당하게 침해되지 않도록

· ·
4. 정식 명칭은 「특정비밀의 보호에 관한 법률」(일본국 법률 제108호). 2013년 10월 제2차 아베 내각의 각의 결정, 185회 국회에 제출, 12월 6일 성립, 12월 13일 공포, 2014년 12월 10일 실시. '일본'이라는 국가의 안전보장을 위해 필요한 주요 정보들을 '특정비밀'로 지정하고, 취급자의 적성(敵性) 평가에 근거한 부적격 요건 및 위반 시의 처벌 규정을 두었다. 통치와 비밀의 관계를 표현하는 근래의 법문 가운데 하나라고 할 수 있다. 그 원문은 일본 '내각 관방(內閣官房[Cabinet Secretariat])' 홈페이지(http://www.cas.go.jp/jp/tokuteihimitsu/)에서 확인할 수 있다.

하는 금지 규정이 첨가될 방침이라고 한다. 하지만 관청의 각 대신들이 '특정기밀'을 지정할 수 있게 되어 있는 한, 국민의 알 권리가 한정되는 것은 필연적일 터이다.

아니, 「국가안전보장 기본법」은 국민의 알 권리를 한정하는 데서 멈추는 게 아니라 국민에 대한 감시 강화를 합법화하는 근거가 되지 않을 수 없다. 이를 쓸데없는 걱정으로 치부할 수 없는 이유는, 2007년 자위대 '정보보존 부대'가 센다이 시의 시민운동을 감시하고 있었던 사실이 밝혀졌고, 이후 2012 년 3월에 센다이 지방 재판소는 나라에 배상을 판결했으나, 「기본법」 제8조에서 자위대는 "필요에 응하여 공공의 질서 유지에 나선다"고 규정함으로써 자위대 '정보보존 부대'에 의한 국민 감시 역시도 합법적 활동으로 간주되는 길이 열려 있기 때문이다.

집단적 자위권의 행사를 인정하는 것은 일본 바깥에서의 군사행동이 가능해지는 것만을 뜻하는 게 아니라 국내에서의 기밀 보호 및 국민 감시와 같은, 우리들의 일상적 주변에 대한 규제를 진행시킨다는 사실을, 지금 다시 확인해두지 않으면 안 된다.

'법의 파수꾼'에서 '내각의 파수꾼'으로
내각 법제국의 기존 견해에 따르면, 「국가안전보장 기본법」

같은 일련의 법률은 헌법 9조에 저촉되는 규정들을 포함한 것으로, 그 상태 그대로는 제출될 수 없다. 그렇기 때문에 '법의 파수꾼'으로 불리는 내각 법제국에 대한 인사 조치를 통해 그 해석권을 컨트롤하고 헌법 개정을 통해서가 아니라 헌법 해석의 변경을 통해 집단적 자위권의 행사를 용인하는 길을 취했던 것이다.

내각 법제국은 1873년 태정관太政館 정원正院[메이지 페번치현(廢藩置県) 이후의 최고 관직 태정대신 아래에 배속된 감찰·예식·인사 등의 관리기관]에 법제과法制科가 개설됐던 것에 기원을 두고, 그 연장선에서 1885년 내각 제도의 발족과 함께 설치되었다. 그 기능은 메이지 14년의 정변[오쿠마 시게노부를 중심으로 한 기존 세력을 실각시키고 사츠마·쵸슈 세력을 재규합한 이토 히로부미가 정권을 잡은 일] 이후에 모든 국무를 통일하기 위해 설치된 참사원參事院을 계승했다. 참사원이 법률 명령의 초안 작성 및 심사, 이외의 행정재판까지 관장하고 있던 것은 프랑스의 국무원(콩세이 데타[Conseil d'État])에서 배운 것이다.

이 참사원 제도를 설계하고 두 번째 내각 법제국장관이 됐던 사람은 「대일본제국 헌법」 및 「교육칙어」의 초안 작성을 리드했던 이노우에 고와시[5]다. 이노우에는 프랑스의 헌법학자

• •

5. 井上毅(1844~1895). 구마모토 사족(士族), 대일본제국 헌법의 실질적 초안 작성자, 법제국장관, 문부대신을 역임. 그를 대상으로 삼은 강연자의 첫 저작으로는 『법제관료의 시대: 국가의 설계와 지(知)의 역정』(1984)이 있음.

펠레그리노 로시[1787~1848] 등의 견해를 참고하면서 내각이나 대신은 정략의 필요에 따라 그 대응이 쉽게 달라지므로 그것에 국운을 맡기는 일은 위험한바, 국가 행정의 근간이 되는 법제를 유지해가는 기관의 필요성을 호소했다. 그 정신이 참사원으로부터 내각 법제국으로 계승되어 왔다(헌법과 참사원에 관한 이노우에의 관점은 졸저, 『근대 일본의 지知와 정치: 이노우에고와시에서 대중 연예까지』[1985]를 참조). 이는 전前 내각 법제국장관 사카타 마사히로 씨의 다음과 같은 말에서도 엿보인다. "정치적 판단에 의해 행정부의 법령 해석이 이리저리 변해서는 더 이상 법치국가일 수 없게 된다. 정권의 뜻을 넘어 존재하는 것이 법이다."

내각 법제국은 합헌合憲 판단을 저변에 둠으로써 헌법을 정점으로 하는 법체계의 정합성을 꾀하고, "권력 행사의 자의성을 헌법을 통해 붙들어 맨다"고 하는 입헌주의의 뜻과 기능을 행정권력 내부에 담보하도록 만듦으로써 '법치국가의 요충' 역할을 맡아왔다. 그것만으로 장관 인사의 독자성이 존중되었으며, 그럼으로써 특정 정권의 의향에 구속되지 않고 헌법 해석의 자율성과 일관성을 각기 나름대로 담보해왔다. 그러나 이번의 인사 단행에 의해 '법의 파수꾼'으로 불려왔던 법제국장관은 내각의 의향에 따라 헌법 해석을 행하는 '내각의 파수꾼'으로 바뀌게 됐다.

인사 조작에 의해 헌법 해석의 변경을 강행하는 그런 수법이 헌법 및 법률에 대한 신뢰감을 붕괴시키는 쪽으로 귀결되리라는 점은 당연할 것이다. 헌법 체제 그 자체가 붕괴하고 마는 '붕헌崩憲[입헌붕괴]'으로의 위험한 길을 걷지 않기 위해서는, 최고재판소로 발령 받은 법제국장관 야마모토 스네유키 씨가 취임 회견에서 발언했듯이, 집단적 자위권 행사를 용인하는 일은 헌법 해석의 변경을 통해서는 곤란하다는 점을 인식하고 헌법 개정에 관한 냉정한 논의를 거듭하는 정도正道를 걷는 일이 필요하고도 적절할 것이다. 헌법 해석의 변경을 통해 헌법의 주요 골자를 제거하려는 아베 정권의 정치 수법은 입헌주의를 부정하는 것이며, 이는 아베 자신의 정치적 정통성을 발밑에서부터 무너뜨리는 일에 다름 아닐 것이다.

야마모토 씨의 발언에 관해 스가 요시히데 관방장관[2020년 9월 14일 신임 내각 총리대신 취임]은 기자회견에서 "최고재판소 판사는 합헌성의 최종 판결을 행하는 사람"으로, "공적인 장에서 헌법 개정의 필요성까지 언급했다는 점에서 대단히 위화감을 느꼈다"고 비판했는데, 오히려 행정부 고위직이 사법부 최고재판소 판사의 상식적 발언을 비판하는 행동에서 대단한 위화감을 느끼는 것이 양식良識일 터이다.

이와 관련하여 연립정권의 파트너인 공명당 야마구치 나츠오 대표는 야마모토 최고재판소 판사가 집단적 자위권 행사의 용인에는 헌법의 해석 변경이 아니라 헌법 개정이 필요하다고 했던 말을 두고, "그의 입장에서는 아슬아슬하게 허용되는 발언"이라고 옹호하면서, 집단적 자위권 행사의 용인을 위한 논의 속에서 자주 거론되는 "개별적 자위권이나 집단적 자위권이라는 추상화된 말로는 꽤나 이해하기 어려운 것이 사실"이라고 지적했다. 이는 법제국장관 인사 단행이 집단적 자위권 행사의 용인을 위한 임시적인 수단이며 국민들 역시도 의혹을 품고 있음을 감지한 발언임에 틀림없다.

어쩌면 아베 수상은 헌법 해석의 변경을 통해 '점진적 개헌'='입헌 붕괴'를 추진하면서, 헌법 위반이라는 사태를 이미 이뤄진 사실로서 거듭 누적해감으로써 '현실과 헌법 조문의 괴리'를 해소한다고 주장하려는 것일지도 모른다. 그렇게 함으로써 헌법 위반 사태를 자신의 비장한 소원인 개헌 달성을 위한 고등전술 속으로 배치하려는 것일지도 모른다.

내 기억에 문제가 없다면, 아베 수상은 다음과 같이 발언하면서 헌법 96조 개정을 호소했었다. "겨우 3분의 1의 의원들이 반대한다고 해서 개헌을 발의할 수 없다는 것은 이상하다. 그런 건방진 의원들을 선거에서 퇴장시키고 싶다", "국민의 손에 헌법을 되돌려주고 싶다." 그의 말 그대로 된다면, 집단적 자위권 행사에 찬성하는 10여 명으로 구성된 수상의 사적 자문기관의 보고서에 따라 내각 법제국과 내각의 헌법 해석이 변경될 때, 국민들은 그런 헌법 해석에 손가락 하나 까딱하지 못하게 되지 않겠는가.

국회 논의를 해보려고도 하지 않고 강제적으로 인사권을 발동하여 헌법 해석을 변경하려는 아베 수상은, 자신의 발언 곧 '건방진 의원들을 퇴장시켜야 한다'는 그 발언 속의 건방진 의원이 다름 아닌 국민의 의사를 무시한 자신들을 가리키고 있음을 알려고 하지 않는다. 헌법을 바꾸지 않은 채로 헌법 9조의 골자를 실질적으로 제거하려는 움직임이 애초부터 국민이 관여할 수 없는 차원에서, 혹은 국민이 알기 어려운 법령의 제정 및 개정이라는 차원에서 착착 진행되고 있는 현재의 정세 아래에서, 국민의 손으로부터 헌법이 이탈되어가는 사태는 한층 더 심각해질 것이다.

'언젠가 걸었던 길'을 반복하지 않기 위하여

이러한 '점진적 개헌'이 진행되는 배경에는 분명 북조선의 핵 개발이나 중국 및 한국과의 영토 문제가 있고, 그런 상태에서 국민의 일정한 지지를 얻고 있다는 점도 부정할 수는 없다. <안보법제 간담회>의 한 멤버가 발언했듯이, 대외적 위협이 높아지고 있다는 점이 집단적 자위권의 행사를 용인하는 '순풍'이 되고 있는 사실도 부인할 수 없다. 대외적 위협이라는 '순풍'을 타고 나아가는 '점진적 개헌'이란, 앞의 아소 발언에 내장된 나치스 독일의 정치 수법과 오버랩되지 않을 수 없는 것이다.

그런 맥락에서 내가 상기하게 되는 것은 나치의 국가비밀경찰 게슈타포를 창설하고 경제계획 4개년 계획의 전권을 통해 군비확장을 강행했던 군인 헤르만 괴링의 말, 곧 독방에 있던 그를 인터뷰한 미국인 구스타프 길버트의 기록 『뉘른베르크의 일기』[6] 속에 있는 괴링의 말이다. 그는 대략 다음과 같이 말하고 있다. "물론 보통 사람들은 전쟁을 바라지 않았다. (…) 그러나 정책을 결정하는 것은 최종적으로는 그 나라의 지도자이기 때문에, 민주정치든 파시스트독재든 의회제든 공산주의독재든 국민을 전쟁에 끌어들이는 것은 언제나 지극히 간단하며 단순한 일이다. 국민을 상대로는 계속 공격받는 중이라고 말하고 평화주의자를 상대로는 애국심이 결여되어 있다고 비난하면서 국가를 위험에 노출시키고 있다고 주장하는 일 말고는 다른 어떤 것도 필요치 않기 때문이다. 이 방법은 모든 국가에 똑같이 유효하다."

나는 일본의 정치 지도자가 괴링의 이런 발언의 뜻을 아는 상태에서 언동하고 있다고는 생각하지 않는다. 그러나 누구도

· ·

6. Nuremberg Diary. 1947년 출간. 일명 '뉘른베르크 전범 재판', 곧 '나치스 독일의 전쟁 지도자에 대한 국제군사재판'의 재판부 조사관 미군 대위 구스타프 길버트(심리학·정신의학 전공)의 저작.

전쟁을 바라지 않음에도 전쟁 속으로 간단히 끌려 들어가 버리고 있다는 점, 그런 정치사조 한가운데를 부유하고 있는 붕괴 감각에 사람들이 줄곧 붙들려 있다는 점 역시도 부정할 수 없다.

그러나 그렇기 때문이야말로, '애국심이 결여되어 있다고 비난하고 국가를 위험에 노출시킨다고 주장'하면서 헌법 붕괴를 향해 점진적으로 헌법 해석을 변경해가는 전략에 맞서, 그리고 그것에 뿌리박은 법률의 제정에 맞서 경계와 반대의 목소리를 좀 더 높이 울리며 대항해갈 수밖엔 없는 게 아닐까. 나는 그렇게 생각한다.

제2장

「일본국 헌법 개정 초안」을 읽는다: 어떤 입헌주의인가

시작하며: 문제를 사고하는 단서에 대해

안녕하세요, 야마무로 신이치라고 합니다. 지금부터 1시간 30분 정도 이야기를 나누고자 합니다. 잘 부탁드리겠습니다.

이미 잘 알고 계시듯이 참의원 선거는 이달 22일[2016년 6월 22일]에 공시되고 7월 10일에 투표하는 일정으로 되어 있는데, 그 어떤 입장을 취하든 논점이 될 수밖에 없는 자민당 개헌 초안에 관하여 무엇보다 먼저 또박또박 읽어볼 필요가 있다는 것이 오늘 모임의 취지라고 하겠습니다.

기본적인 자료부터 소개해드리고자 합니다. 가지고 계신 인쇄물의 2쪽에 참고문헌을 나열해 놓았습니다만, 자유민주당의 「일본국 헌법 개정 초안」과 그것에 관한 「Q&A」 자료는 자민당 홈페이지를 보시면 쉽게 확인하실 수 있습니다. 초안에는 헌법 조문의 신구新舊 대조표가 있고, 「Q&A」는 여러 비판을 수용하여 지금은 증보판이 게재되어 있습니다. 예컨대 그 증보판에는 입헌주의나 기본적 인권에 대한 이해의 문제점들을 비판한 것에 대한 응답도 있습니다.

원래대로라면 개헌 초안의 문장 전체를 순서대로 살펴볼 필요가 있겠지만, 어디에 문제점이 있는지, 어디에 착목해야만 하는지를 조항별로 하나씩 살펴가는 것은 시간이 많이 걸리니까, 여러모로 바쁘신 분들을 위해 몇몇 참고서를 제시해두었습니다.

가장 먼저 언급해 놓은 것은 바바 토시코[생명/환경운동가]라는 분이 출간한 『누구를 위한 헌법 개'정'?』[2016]이라는 책입니다. 이는 '엄마부터 아이까지 누구라도 알기 쉽게 헌법을 전합니다'를 모토로 한 것인데, 가격도 500엔으로 대단히 적당하고, 항목을 추려내어 간단히 읽을 수 있도록 궁리된 책이라고 하겠습니다.

다음으로, 인쇄물과 함께 배부된 안내 전단에 소개되어 있는 책, 히구치 요이치[(비교)헌법학자] 선생과 고바야시 세츠[헌법학자] 선생의 대담 『'헌법 개정'의 진실』[2016]이 소규모 교양서 형태로 긴급하게 출판되었습니다. 오늘의 이 모임은 교토대 '인문과학연구소 아카데미'와 '자유와 평화를 위한 교토대 유지有志의 모임'이 연합하여 기획한 것인데, 이후 6월 28일 저녁 7시부터 8시 30분까지 '광장: 책을 읽는 모임'에서 두 분의 대담집을 대상으로 삼아 <개헌'의 문제점을 생각하는 집회>를 개최할 예정입니다. 그 집회에 참가해주시길, 자유롭게 각자의 입장에 따른 의견이 교환되길 바라게 됩니다. 이 대담집 역시 내용이 농밀하지만 읽기 쉬운 대담 형식을 취하고 있어, '헌법 개정'이라는 문제에 어떻게 접근해야 좋을지를 생각하기에는 절호의 기회가 되지 않을까 합니다.

나아가, 전문 연구자나 변호사들께서 자민당 헌법 개정 초안에 관해 어떻게 논의하고 있는지를 알고자 한다면, 교토헌법회의가 감수를 맡았던 저작 『헌법 '개정'의 논점』[2014]이 최적이라고 생각합니다. 헌법 개정의 문제에 관해서는 여러 견해들이 있으며, 현재는 도쿄를 중심으로 많은 출판물이 나와 있습니다. 여기 교토에서도 많은 연구자들과 변호사들이 힘써 귀중하고 유익한 논의를 거듭하고 있으니, 여러분께서 꼭 읽어주시기를 갈망하게 됩니다. 이 책은 비교적 일찍 출판된 것인데, 목차를 보시면 알 수 있듯이, 왜 이런 개헌안이 제기된 것인지, 문제의 초점은 어디에 있는지, 그리고 기본적 인권에 관한 조항이나 통치기구가 어떤 식으로 바뀌게 되는지와 같은 주요 논점들이 각기 항목별로 구분되어 정교하고도 치밀하게 논의되고 있습니다. 전문서적이긴 하지만, 대단히 읽기 쉽게 되어 있는 책이라고 하겠습니다.

이런 책들 이외에, 자민당 개정 초안에 관한 여러 책들이 나와 있으니, 관심에 따라 서점이나 도서관에서 손에 들어주신다면 좋겠습니다. 시간이 없으므로 참고문헌에 관한 상세한 말씀을 드릴 수는 없는데, 『헌법 '개정'의 논점』에는 헌법 저작에 관련된 주요 문헌들의 리스트가 들어 있으니, 조금 어렵게 느끼실지라도 분명 참고가 되지 않을까 합니다.

향후 헌법 개정의 문제가 구체화 되어가는 과정에서, 개정의 필요성을 호소하기에 가장 손쉽고도 중요한 테마가 되리라고 판단되는 것이 있는데, 자민당 개헌 초안 98조와 99조에서 거론되고 있는 '긴급사태 조항'이 그것입니다.[1] 앞질러 인용해 놓겠습니다.[이는 이후 8장에서 분석됨]

• •

1. 「일본국 헌법 개정 초안」(자유민주당, 2014년 4월 27일 결정)은 기존 「일본국 헌법」과의 대조 형식으로 개헌 내용이 표시되어 있다(주요 부분은 밑줄, 고딕체 강조 등으로 차이화 되어 있음). 이 개정 초안에는 기존 헌법에는 없는 '목차'가 전문(前文)보다 먼저 나온다. 98조와 99조는 '제9장 긴급사태'의 두 조항이다. 「일본국 헌법 개정 초안」은 다음과 같은 순서로 되어 있다: 목차, 전문, 제1장 천황(제1조~제8조), 제2장 안전보장(제9조~제9조의3), 제3장 국민의 권리 및 의무(제10조~제40조), 제4장 국회(제41조~제64조), 제5장 내각(제65조~제75조), 제6장 사법(제76조~제82조), 제7장 재정(제83조~제91조), 제8장 지방자치(제92조~제97조), 제9장 긴급사태(제98조~제99조), 제10장 개정(제100조), 제11장 최고법규(제101조~제102조).

자민당 개헌 초안

제98조 (긴급사태의 선언)

1 내각 총리대신은 우리나라에 대한 외부로부터의 무력 공격, 내란 등에 의한 사회질서의 혼란, 지진 등에 의한 대규모 자연재해, 그 외의 법률이 정하는 긴급사태에서, 특히 필요가 인정될 때는 법률이 정하는 바에 따라, 각료회의에 올려 긴급사태의 선언을 발할 수 있다.

2 긴급사태의 선언은, 법률이 정하는 바에 따라, 사전에 또는 사후에 국회의 승인을 얻지 않으면 안 된다.

3 내각 총리대신은 앞항의 경우에 있어 불승인 의결이 있었을 때, 국회가 긴급사태의 선언을 해제해야만 한다는 취지를 의결했을 때, 또는 사태의 추이에 따라 해당 선언을 계속할 필요가 없다고 인정될 때는, 법률이 정하는 바에 따라, 각료회의에 올려 해당 선언을 신속히 해제하지 않으면 안 된다. 또 100일을 넘어 긴급사태의 선언을 계속하고자 할 때는 100일을 넘길 때마다 사전에 국회의 승인을 얻지 않으면 안 된다.

4 제2항 및 앞항 뒷부분의 국회 승인에 관해서는 제60조 제2항의 규정을 준용한다. 이 경우 같은 항 안에 "30일 이내"로 되어 있는 것은 "5일 이내"로 바꿔 읽는 것으로

한다.

제99조 (긴급사태 선언의 효과)

1 긴급사태의 선언이 발해졌을 때는, 법률이 정하는 바에
따라, 내각은 법률과 동일한 효력을 가진 정령政令을 제정할
수 있는 이외에, 내각 총리대신은 재정상 필요한 지출 및
그 외의 처분을 행하며, 지방자치체의 장에 대해 필요한
지시를 할 수 있다.

2 앞항의 정령 제정 및 처분에 관해서는, 법률이 정하는 바에
따라, 사후에 국회의 승인을 얻지 않으면 안 된다.

3 긴급사태의 선언이 발해졌을 경우에는, 법률이 정하는 바에
따라, 누구도 해당 선언에 관계된 사태에서 국민의 생명,
신체 및 재산을 지키기 위해 행해지는 조치措置에 관련하여
발해지는 국가 및 그 외의 공적인 기관의 지시에 따르지
않으면 안 된다. 이 경우에서도 제14조, 제18조, 제19조,
제21조 및 그 외의 기본적 인권에 관한 규정은 최대한으로
존중되지 않으면 안 된다.

4 긴급사태의 선언이 발해졌을 경우에 있어, 법률이 정하는
바에 따라, 그 선언이 효력을 갖는 기간 동안 중의원은
해산되지 않는 것으로 하고 양 의원[중의원·참의원]의 의원
임기 및 선거 기일의 특례를 설정할 수 있다.

이 문제에 관하여 가장 자세한 것은 간사이학원대학 재해부흥제도연구소가 편집한 『긴급사태 조항의 무엇이 문제인가』[2016]입니다. 좀 더 간단히 읽을 수 있는 것으로는 고바야시 세츠와 나가이 코쥬[일본변호사연합 재해부흥분과 위원]의 『대론対論 긴급사태 조항을 위해 헌법을 바꿀 것인가』[2016]를 권해드리고 싶습니다. 나가이 씨는 변호사로, 재해 지역의 법제라는 문제에 관계하여 왔기 때문에 현장의 목소리가 반영되어 있습니다. 다른 한편 고바야시 선생은 예전부터 긴급사태를 헌법 속에 명확히 규정해야 한다는 입장이었으나, 위의 책 속에서 자민당 개헌 초안과 같은 긴급사태 조항은 필요하지 않다고 자신의 주장을 변경하는 형태로 논의가 전개되고 있으므로, 대단히 흥미로운 읽을거리가 아닐까 합니다.

다음으로, 개헌 문제 그 자체를 어떻게 생각할 것인가를 원점으로 되돌아가 생각하기 위해서는, 출판된 지 약간 시간이 흘렀지만 나고야대학의 아이쿄 고지[(비교)헌법학자 헌법사상사가] 씨의 『개헌 문제』[2006]를 읽으시면 쉽게 알 수 있으리라고 생각합니다. 헌법 '개정'이라는 문제가 왜 나왔는지, 헌법 차원에서 그것의 문제점은 무엇인지, 그리고 세계적인 조류 속에서 어떤 의미를 갖는지 등에 관해 알 수 있지 않을까 합니다. 그리고 끝으로, 송구하지만 관심이 있으시다면 저의 졸저 『헌법 9조의 사상수맥』[2007(국역본: 박동성 옮김, 동북아역사재단, 2010)]에서 다뤘던 것으로, 9조로 이어지는 '비전非戰' 사상이 유럽·미국이나 막부 이후의 일본에서 어떻게 등장하고 역사적으로 어떤 의미 구성을 갖는가에 관한 논의를 봐주시면 어떨까 합니다.

1. 헌법정치의 현상과 헌법질서의 히에라르히

여기까지 간단히 북가이드를 했고, 지금부터는 본래의 주제로 들어가고자 합니다. 먼저 한마디 양해를 구하지 않으면 안 되는 것은, 이 모임이 앞서 언급했듯 교토대 '인문연 아카데미'와 '유지의 모임'이 공동으로 주최한 것이지만, 지금부터 말씀드리는 것은 당연히 제 개인의 의견이라는 점입니다. 결코 주최 측 여러분들의 의견을 대표하는 게 아니라는 점을 미리 이해해주신다면 좋겠습니다.

또, 자민당의 개헌 초안은 102조에 이르는 것으로서, 한정된 시간에 모든 조항들에 관해 언급하는 일은 불가능합니다. 오늘 거론할 조항만으로 문제가 한정될 리가 없습니다. 꼭 여러분 스스로, 혹은 서클 등에서의 의견 교환이 행해질 필요가 있지 않을까 하는데, 그럴 때의 한 가지 실마리로서 오늘 이야기가 이용될 수 있다면 다행이겠습니다.

각설하고, 근래에 헌법을 둘러싼 국회에서의 논의를 듣고 있자면 고개를 갸웃하게 만드는 발언들이 적지 않습니다. 국회의원이란 입법부의 구성원이므로 우선 무엇보다 헌법에 관하여 알고 있지 않으면 법률에 관한 논의조차 불가능할 터인데, 아무래도 그 점부터가 참으로 가볍게 여겨지고 있는 게 아닌지 염려됩니다. 아베 수상은 분명 법학부를 졸업했던 것 같은데, 헌법을 배웠다면 직접 저작을 읽지는 않았을지라도 판례 해설 등에서 반드시 아시베 노부요시[2]라는 헌법학자의 이름과 만났을 텐데도, 아베 수상은 그 이름을 모르며 그게 왜 문제냐는 식으로 반응했습니다. 또 헌법에 관해 질문을 받으면 "그런 퀴즈 같은 물음에는 답할 필요가 없다"고 항변했죠. 그러면 인터넷에서는 아베 수상을 지지하는 의견들이 분출합니다. 그렇게 수상조차도 모르니까 자신들이 모를지라도 아무 문제 될 게 없다는 자기정당화가 이뤄집니다. 그런 과정에서 더욱 아쉬운 것은, 일국의 수상이 그렇게 제대로 답하지 못하는 것은 큰일이라고 생각하고 나 자신만이라도 헌법 저작을 읽어

. .

2. 芦部信喜, 1923~1999. 호헌파(護憲派) 헌법학자로서, 근대헌법을 '자유의 기본법'이라는 위상으로서 검토하고 정초했으며, 일본국 헌법에서의 통치 기구 운용원리 및 인권보장의 존재방식을 이론화했다. 『헌법과 의회정』 (1971)을 필두로 『헌법제정권력』(1983), 『헌법판례를 읽다』(1987), 『헌법』(초판 1993년, 7판, 2019년 현재), 『종교·인권·헌법학』(1999) 등의 저작을 썼다.

보겠다는 의욕 그 자체가 저지되고 있다는 점입니다. 상대방의 논의에 대한 이해 없이 상대방을 공격하는 것을 정치력으로 오인하고 그것을 칭찬하는 세력에 올라타서 밀고 나가기만 하는 정치 수법이 의회정치를 풍요롭게 하리라고는 결코 생각할 수 없습니다.

안보법제[3]의 논의를 둘러싸고 아베 수상은 내각 법제국장관의 답변을 밀어재끼고서는 "헌법 해석의 최고책임자는 나다"라고 발언했었는데, 행정부의 수장이라는 것이 곧바로 헌법 해석권을 갖는다는 걸 뜻하지는 않을 터입니다. 그뿐만이 아닙니다. 지난 5월 16일 중의원 예산위원회에서는, 민진당에 의해 제출된 보육 종사자 급여 상향 법안을 국회에서 논의하지 않았던 점을 야마오 시오리 의원이 비판한 것에 대해, 아베 총리는 이렇게 말했습니다. "야마오 의원은 말이죠, 의회 운영이라는 것에 대해 좀 더 공부하는 게 좋을 거라고 생각해요. 의회에 관해서는 말이죠, 나는 입법부, 입법부의 수장인 겁니

• •

3. 安保法制. 다음 두 법률의 통칭. 「일본 및 국제사회의 평화와 안전 확보에 이바지하기 위한 자위대법 등의 일부 개정 법률」(2015년 9월 30일 법률 제76호), 일명 '평화안전법제 정비법'과 「국제평화 공동 대처 사태에 우리나라가 실시하는 여러 외국 군대 등에의 협력 지원활동에 관한 법률」(2015년 9월 30일 법률 제77호), 일명 '국제평화 지원법'. 다른 명칭으로는 평화안전 법제, 안전보장 관련법, 안보법, 전쟁법(이는 안보법제에 비판적인 입헌민주당, 일본공산당, 사회민주당이 부르는 이름)이 있음.

다." 이는 의회에 관해 공부해야 한다고 타이른 뒤에 스스로를 '입법부의 수장'이라고 호언장담한 상황이라고 하겠습니다. 초등학교 상급생이라도 틀리지 않을 이야기지만, 실은 아베 총리가 자신을 '입법부의 수장'으로 단언했던 일은 이번이 처음이 아닙니다. 2007년 5월 11일 '일본국 헌법에 관한 조사 특별위원회'에서도 같은 발언을 했고, 너무도 초보적인 잘못을 바로잡았던 일이 뒤따랐었죠.

한번 발언했던 내용에 잘못이 있더라도 바로잡지 않는 것은, 어떤 뜻에선 의지를 밀고나가는 확고한 사람을 표시하는 것이라고도 하겠으나, 다른 한편에서 증세 법안 연기를 내건 2014년 12월의 중의원 선거에서 "2017년의 증세는 결코 변경하지 않는다"고 "단언"하면서까지 공약했음에도, 이번 참의원 선거에서는 "종래와는 다른 새로운 판단입니다"라고 다르게 단언하는 등, 아베 수상은 편의주의적 임기응변을 독특한 개성으로 발휘하고 있습니다.

그런 편의적 분간을 정치인으로서의 특성이라고 간주할지라도 결코 간과해서는 안 될 문제가 있는데, 그것은 저 '입법부의 수장'이라는 명확히 잘못된 발언 이후, 그것에 대한 의회에서의 사과도 없었고 그것에 대한 정정 의뢰가 있었던 것도 아닌데 어느샌가 '입법부의 수장'이라는 발언은 국회 의사록에 멋대로 '행정부의 수장'이라는 말로 개찬改竄[(특히 은폐·악용 등의 목적으로) 문장을 고침되어 있었다는 점입니다. 의사록의 그런 개찬이 아베 정권에서는 마치 당연한 일인 것처럼 행해지고 있습니다.

여러분도 명확히 기억하시겠지만, 지난해 2015년 9월 안전보장법제를 심의하고 있던 참의원 특별위원회에서 강행 채결이 이뤄졌습니다. 그때 저도 TV 중계를 보고 있었습니다만, 시끄러운 혼란 속에서 위원장이 무슨 발언을 하고 있는지, 어떤 채결이 행해졌는지를 확인할 수 있었던 사람은 그 위원회 소속 사람들을 포함해서 아무도 없었다는 점은 분명한 사실이라고 하겠습니다. 그렇기 때문에 당초에 공개됐던 의사록에는 "청취 불능"이라고 되어 있었던 것이죠. 당연합니다. 그러나 이 또한 얼마 뒤의 의사록을 보니 모두가 질서정연하게 회의를 진행했고 표결 역시도 유효한 것처럼 되어 있었습니다. 이외의 다른 회의 내용에 관해서도 상세히 조사해보면 그런 종류의 개찬이 아무렇지도 않게 이루어지고 있으리라는 생각에 우려와 두려움을 느낍니다. 말할 필요도 없이 그것은 후세에 남겨야 할 사료를 당대의 정권이나 다수파가 멋대로 조작하고 있음을 뜻하기 때문에, 현재의 국민에 대해서만이 아니라 역사에 대한 배신행위이자 위법행위라고 하겠습니다. 어떠한 논의를 거쳐 어떤 법률이 성립되었고 또 부결되었는지, 그 결정 과정을 아는 것은 국민의 권리이기도 하며, 그러한 지식의 집적이 장래의 잘못을 피하기 위한 귀중한 재산이 될 것임에도, 국민의 신탁을 받은 활동이 의무화되어 있는 국회에서의 논의가 완전히 자의적으로 개찬되고 있는 것입니다. 보이지 않는 그런 곳에서, 의회정치가 규율을 잃고 어떻게든 논의의 개변이 행해지고 있다고 한다면, 우리는 무엇을 믿고 국회의 논의를 바라볼 수 있겠습니까? 이런 문제에도 여러분께서는 꼭 주의를 기울여 주셨으면 좋겠습니다.

이렇게 현재의 일본 정치에서는 '말할 수 없을 만큼의 가벼움'이 횡행하고 있고, 그 결과로서 일본 사회 그 자체가 말에 대한 불감증 상태가 됨으로써, 정치가에 대한 불신감을 낳고 자신과 다른 의견에 대한 가차 없는 공격이 사회를 뒤덮고 있습니다. 그러하되, 아니 그렇기 때문에 조지 오웰이 했던 다음과 같은 말을 새삼스레 이를 악물고 되새겨보려고 합니다. "말이 추해지고 부정확해지는 것은 우리들의 생각이 멍청해져 있기 때문이다. 우리들의 그 말이 지닌 약함이 우리들로 하여금 너무도 손쉽게 그런 멍청한 생각을 갖도록 만들고 있다."[『1984』, 1949]

우리들의 말이 이토록 가볍게 황폐해지고 사고가 아무렇지도 않게 휙휙 변해가는 것은 우리들의 말이 그런 멍청한 사고방식을 손쉽게 허용하고 있기 때문이기도 합니다. 본래 인문사회과학이 맡아야 할 과제란, 말의 가벼움에 맞서 명확히 규정된 개념을 밑바탕으로 사고를 개시하는 일에 있습니다. 말의 정확함을 복권하고 사고의 중량을, [사]물을 사고하는 행위의 중량을 어떻게 전달해갈 것인가라는 추궁이 지금 여기서 인문과학을 배우는 일에 가해지고 있으며, 그런 생각 속에서 저희들의 이번 연속 세미나가 기획됐습니다. 인문과학연구소에서 아카데미를 행하는 것 역시도 바로 그런 의미 구성에서 비롯한다고 하겠습니다.

이런 맥락에서 자민당의 개헌 초안에 관해 이야기하게 되는 것이죠. 이 테마가 대단히 어려운 것은 여러 다양한 분들께서 여기 앉아 계시기 때문이기도 한데, 여러분들 가운데는 저보다 훨씬 더 헌법 및 법률에 정통한 분도 계실 것이고, 헌법이라는 것을 고등학교 때 잠시 배웠을 뿐 오랜 세월 헌법에 관한 논의를 접할 기회가 없어서 무엇이 논점이 되고 있는지 모르겠다고 하는 분도 계시지 않을까 합니다. 그렇기 때문에 오늘 이야기를 진행하는 데에 있어 어디까지나 전제 사항으로서 말씀드리고 싶은 것에서 시작하고자 합니다.

우선 헌법이나 법률의 체계 문제인데, 갖고 계신 인쇄물에 글자 크기를 키워 계층성(히에라르히[Hierarchie. (피라미드형) 조직·위계·계통. 원래는 가톨릭 용어로 교권제도, 성직계급, 성직자 정치를 뜻함])이라는 낱말을 먼저 제시했습니다. 가장 상위에 헌법이 있고, 그 아래에 국회에서 만든 법률이 있습니다. 그리고 그 법률의 위임을 받아 정령政令이 가능해지는 것인데, 거기에는 성령省令이나 통달通達 등이 포함됩니다. 즉, 헌법과 법률과 정령이 법령法令이고, 각의결정閣議決定은 어디까지나 내각이 행하는 행정행위들 가운데 하나에 지나지 않습니다.[4]

헌법은 모든 국민과 권력기관에 관여하는 것이지만, 법률은 국권의 최고기관인 국회가 만드는 것입니다. 정령은 어디까지나 그런 법률의 테두리 안에서 만들어지는 것이므로, 행정부가 제멋대로 만들 수 있는 게 아니지만 여러 세세한 사항들 모두를 국회에서 정할 수는 없으므로 실제로는 성령이나 통달의 차원에서 내용이 확정되는 일도 적지 않습니다. 문제는 '각의결정이란 무엇인가'에 있습니다. 각의결정이란 내각이 어떤 의견을 갖고 있는지에 관련된 내각 구성원들의 공통된 인식으로서, 이 내각에서는 이러저러한 공통인식을 갖기로 했음을 결정한

· ·

4. 정령(政令)은 일본국 헌법 73조 6항에 근거하여 내각이 제정하는 명령으로, 행정기관이 제정하는 명령 가운데 가장 우선적인 효력을 갖는다. 성령(省令)은 각 '성'의 장관이 그 행정 사무에 관해서 내리는 명령이고, 통달(通達)은 상급 행정기관이 하급 행정기관 및 직원에 대해 그 직무권한의 행사를 지휘하고 직무에 관한 명령을 하달하는 것을 말한다. 자민당 개헌 초안 속에서 이 정령은 상위법을 해석·한정·제약·준용함으로써 (입법부와 무관하게, 혹은 입법부를 건너뛰어) 임의적으로 제정되고 집행될 수 있는 재량권(裁量權)적인 힘으로 설정되어 있다. 달리 말하자면, 행정부 명령으로서의 '각의결정'이 정령의 집행 근거를 독점함으로써 행정권과 입법권을 자유 재량적으로 합성할 수 있는 길이, 말하자면 모종의 독재권이 열린다고도 할 수 있다.

것에 지나지 않습니다. 그렇기에 각의결정 자체는 아무런 법률적 구속력도 갖지 못합니다. 각의통지通知라거나 각의양해, 내각의 순환양해[통상적인 정례 각의를 대신하여 각의에 회부할 사안을 장관들에게 회람시켜 공통의견을 결정하는 방법]와 같이 다양하게 불리는 것들 역시도 기본적으로는 동일한 성질을 띱니다.

그런데 여러분께서도 잘 알고 계시듯, 2014년 7월 1일 아베 내각은 각의결정을 통해 기존의 헌법 해석을 바꿈으로써 헌법 9조가 집단적 자위권을 인정하고 있다고 간주했습니다. 즉, 법적으로는 전혀 효력이 없을 각의결정을 통해 헌법의 내용까지 바꿀 수 있다는 분위기를 살포한 것이죠. 그렇게 현재의 일본에서 마치 당연한 일처럼 믿고 있는 것은, 각의결정만 행해지면 헌법 그 자체까지도 자유롭게 바꿀 수 있다는 발상입니다. 이것이 법의 지배를 따르는 법치국가 일본의 현 상태입니다. 만약 그러한 믿음이 옳은 것이라면, 매번의 내각은 자유롭게 헌법 해석을 바꾸어도 무방하게 됩니다. 아니, 각의결정이란 애초부터 특정 내각의 공통 양해를 확인하는 것일 뿐이므로 내각이 바뀌면 결정 내용이 바뀔지라도 아무 이상할 게 없게 되고 맙니다. 그러나 국가 기본방침으로서의 헌법으로 명확히 규정되어 있는 것을 두고 특정 내각이 멋대로 해석을 바꿔도 좋다는 헌법 습관이 만들어진다면, 법의 지배가 과제로 삼고 있던 법적 안정성은 붕괴되고 예측 가능성은 성립되지 않게

되므로, 장래 어떻게 행동해야 할 것인지에 관련된 지침이
결여된 사회가 되고 맙니다.

이 문제에 관해서는 역시 미디어의 보도 방식이나 정치가의
대응 방식이 서툴렀다는 느낌입니다. 결과적으로는, 각의결정
만 행해진다면 종래의 논의나 헌법학자의 위헌론 따위는 감안
할 필요조차 없이 무엇이든 뜻대로 통과시킬 수 있다는 식의
논의를 허용한 측면이 있다고 여겨지기 때문입니다. 각의결정
이란 그 내각을 조직한 행정부의 수장이 특정 사안을 어떻게
양해하고 있는지에 관한 이야기일 뿐입니다. 물론 그 가운데
헌법이라는 것을 어떻게 해석하는지는 당연히 한 가지 양해
사항이 되겠지만, 각의결정이 행해졌다고 해서 필연적으로
헌법이 바뀔 리는 없는 것입니다. 즉, 특정 내각의 구성원들에
의해 의사결정이 행해졌다고 해서 헌법의 내용까지 자동적으
로 바뀌는 일 따위란 있을 수도 없고 있어서도 안 되는 일입니다.
먼저 그 사실을 여러분께서 확인해두셨으면 좋겠습니다.

2. 입헌주의와 민주주의의 상극

이어, 그렇다면 헌법이나 법률은 누가 만들고 누가 지켜야
하는 것인지를 확인해두기로 합시다. 갖고 계신 인쇄물에는

'헌법의 수취인은 누구인가'라고 쓰여 있습니다. 애초에 헌법이나 법률이라고 말해지는 것은 국민이나 공무원(권력자·권력기관)과 대체 어떤 관계로 구조화되어 있는 것일까요?

단적으로 말하자면, 헌법이란 국민이 만든 것이고 권력을 위임받은 공무원(권력자·권력기관)에게 지키도록 만들고 그 규정을 위반하는 권력 행사를 금하도록 규제하는 것입니다. 그러므로 헌법의 제정권자는 다름 아닌 국민입니다. 헌법을 만드는 권력, 이를 '헌법 제정권력[제헌 권력(constituent power)]'이라고 하는데, 그 권력을 가진 자는 주권자인 국민인 겁니다. 물론 형식적으로는, 현재의 일본국 헌법은 제92회 제국의회[1947년 3월31일]에서 대일본제국 헌법 제73조에 근거해 개정된 형식을 취하고 있지만, 일본국 헌법 전문에는 "일본 국민은 (…) 여기에 주권이 국민에게 있음을 선언하고, 이 헌법을 확정한다"라고 명확히 규정되어 있습니다. 형식은 기존 제국 헌법의 개정이지만 주권자가 천황에서 국민으로 변한 것이기 때문에 전혀 새로운 헌법이 제정됐다고도 할 수 있을 터입니다. 이 문제에 관해서는 포츠담선언을 수락했던 1945년 8월의 단계에서 이미 '주권자의 교대라는 혁명'이 일어나고 있었다는, 이른바 '8월 혁명설'[5]까지도 주장되고 있지만, 저는 헌법안을 심의했던

• •
5. 1946년 5월 헌법학자 미야자와 도시요시의 논문 「8월 혁명과 국민주권주의」

과정 자체를 좀 더 중시해야만 하는 게 아닐까 생각하는 쪽입니다.

곧 1945년 12월에 개정된 중의원 의원선거법에 따라 만20세 이상 남녀 일본 국민 모두가 선거권을 갖게 됐다는 점, 그렇게 선출된 여성 39인을 포함한 의회에서 심의되고 제정된 것이 일본국 헌법이라는 점은 단적으로 말해 국민이 헌법 제정 권력으로서 기능한 것이라고 이해할 수 있을 것입니다. 그리고 그 헌법에 따라 법률이나 정령政令 등의 법령이 만들어지며 그것을 지켜야 할 의무가 행정부나 사법부에 부과되는 것이죠. 그런 법률을 만들고 실시하는 권력의 담당자로서의 공무원을 선출·선정·파면하는 국민의 권리는 현행 헌법 제3장[국민의 권리 및 의무] 제15조[공무원의 선정·파면권, 공무원의 본질, 보통선거의 보장 및 투표 비밀의 보장]에 의해 보장되고 있습니다. 다른 한편에서 국민은 공무원을 선정하고 헌법에 따라 법령을 만들고 실시하는 일을

••

에 의해 발전적으로 구성된 학설(실제로는 정치학자 마루야마 마사오가 같은 해 2월 도쿄대 헌법연구위원회 위원으로서 제시했던 '8월 혁명설'이 그 시초이다. 미야자와는 같은 위원회의 위원장이었다). 1945년 8월 포츠담 선언의 수락이 '천황주권'에서 '국민주권'으로 주권의 장소가 이행한 것을 뜻하며, 그런 이행이 국법적 의미에서의 혁명으로서 수행된 것임을, 또는 혁명이라는 법적 픽션에 의해 수행된 것임을 주장했다. 이는 주권 소재의 이행 혹은 주권 원리의 변동 속에서, 일본국 헌법과 충돌하는 대일본제국 헌법 조항들의 효력이 실질적으로 소거되는 과정으로서 정초된 것이기도 하다.

신임信任했던 것이므로, 역시 헌법에 따라 만들어진 법령을 지켜야 할 의무를 지게 됩니다.

현행 헌법

제15조

1 공무원을 선정하고 또 이를 파면하는 것은 국민 고유의 권리이다.

2 모든 공무원은 전체의 봉사자이지 일부의 봉사자가 아니다.

3 공무원의 선거에 있어서는 성년자의 보편선거를 보장한다.

4 모든 선거에 있어 투표의 비밀은 침해해서는 안 된다. 선거인 은 그 선택에 관하여 공적으로도 사적으로도 책임을 묻지 않는다.

이렇게 헌법을 지켜야 할 수취인은 공무원(권력자·권력기관)이고, 헌법에 따라 법령을 지켜야 할 수취인은 국민이 되는 것입니다. 그러므로 국민이 지키지 않으면 안 되는 것은 헌법이 아니라 법률입니다. 권력기관이나 공무원이 지키는 것이 헌법인데, 거꾸로 말하자면 헌법을 권력자에게 지키도록 만들 책무가 국민에게 있는 것입니다. 이는 정확히 헌법에 쓰여 있는 내용이지만, 자세한 것은 자민당 개헌 초안과 비교하면서 다시 읽어가기로 하죠. 여기서는 입헌주의라는 것이 국민에 의해 만들어진 헌법을 공무원(권력자·권력기관)에게 지키도록 만드는 것이라는 중심 포인트를 일단 확인해두고 싶습니다.

이렇게 입헌주의의 본뜻을 파악한 지반 위에서 현재의 우리가 놓여 있는 상황을 생각해보면, 입헌주의의 위기 혹은 민주주의의 위기라는 말이 나오지 않을 수 없게 됩니다. 쉴즈와 틴스소울의 여러 학생들도 솔직히 그러한 위기감을 표명하고 '민주주의란 무엇인가'를 되묻는 일을 실천하고 있습니다.[6] 그러하되 애초에 입헌주의와 민주주의는 서로 동일한 것일까요, 아니면 다른 것일까요? 혹은 그 두 개의 주의주장 사이에서 일어나는 충돌은 없겠는지요? 저는 도쿄의 연구자들이 긴급히 결성한 <입헌 데모크라시의 모임>이라는 조직의 말석을 더럽히고 있는데, 저 자신은 그런 조직 명칭에 위화감을 갖고 있습니다. 적어도 제가 생각하는 한에서는 입헌주의와 민주주의가 언제나 반드시 서로에게 융합되는 동일한 방향성을 갖는 것은

· ·

6. 쉴즈, '자유와 민주주의를 지키기 위한 학생 긴급행동(SEALDs; Students Emergency Action for Liberal Democracy)'. '「특정비밀 보호법」에 반대하는 학생모임'에서 시작하여 정부·언론·대기업을 상대로 비판을 지속했다. 그들의 기록된 육성은 SEALDs, 『이것이 바로 민주주의다!』(정문주 옮김, 민음사, 2016)에서 읽을 수 있다. '틴스 소울(T-Ns Soul; 10대의 영혼)'은 안전보장법제 입안에 대한 반대 및 18세 선거권을 주장했던 학생들의 모임.

아니기 때문입니다. 오히려 저는 민주주의의 문제점에 브레이크를 걸 수 있는 힘의 형태로서 입헌주의를 중시해야 하지 않을까 합니다.

무엇을 강조하고 싶으냐면, '입헌주의란 무엇인가'라는 질문을 재차 다른 방향에서 검토할 필요가 있다는 점입니다. 잘 알려져 있지만, 입헌주의의 정의로서는 "권리의 보장이 확보되지 않고 권력의 분립이 설정되지 않은 모든 사회는 헌법을 갖지 않는다"라는 「프랑스 인권선언Declaration des Droits de l'Homme et du Citoyen」의 제16조가 중요합니다. 물론 이 '인간과 시민의 권리에 관한 선언'에 여성이 들어가 있지 않다는 점의 문제성은 확인해 놓아야만 합니다. 여하튼 그 선언에서 중시되는 것은 '인권의 보장'과 '권력분립'이 헌법이라는 것에는 반드시 규정되어 있지 않으면 안 된다는 점입니다. 곧 헌법을 가진 사회에서는 인권의 보장과 권력의 분립을 명확히 결정해 두지 않으면 안 되는 것이며, 그 두 요소를 구비한 헌법만이 입헌주의 헌법임을 표명하고 있는 것이죠.

우리들은 소학교 이래로 권력분립 혹은 삼권분립에 관해 배워왔습니다. 입법, 사법, 행정, 이 세 개의 권력이 분립하여 상호 '체크 & 밸런스'를 취한다는 것이었죠. 일본국 헌법의 심의 과정에서는 원래 단원제一院制로 되어 있던 것을 참의원을 개설하여 두 개의 의원이 서로를 체크하는 형태로, 극단적인

논의에 브레이크를 거는 짜임새로 고쳐졌습니다. 그러나 본래 '양식의 府良識の府[당파에 휘둘리지 않고 공정한 '양식'에 근거하여 심의하는 의회]'라는 이름으로 불렸던 참의원 역시도 정당 및 당파에 의한 '머릿수의 논리'가 지배하게 됨으로써 '중의원의 카본 카피[carbon+copy; 빼닮은 것]'로만 기능하는 상태에 빠져 있습니다. 이번 선거로 참의원의 기능이 회복되기를 바랄 따름입니다.

그러나 저는 진정한 의미에서의 권력분립은 결코 삼권의 분립만으로는 충분치 않으며, 다른 하나의 권력분립을 더하지 않으면 안 된다고 생각하는 쪽입니다. 그것은 다름 아닌 중앙정부와 지방정부의 분립입니다. 일본국 헌법 제8장 '지방자치'는 그런 권력분립의 정신에 입각해 있기 때문에 비로소 '자치自治'를 이룰 수 있게 되는 것입니다. 중앙정부에 의한 지방정부의 규제는 '관치官治'이지 결코 '자치'일 수 없죠. 특히 그 8장 95조[하나의 지방 공공단체에만 적용되는 특별법]에서는 국권의 최고기관인 국회에 대해서도 권력의 분립을 요구하고 있습니다. 이 점에서도 자민당 개헌 초안은 특히 재정권에 제한을 가함으로써 지방정부에 의한 자치를 심대하게 규제하는 방향을 취하고 있습니다.

현행 헌법

제95조

하나의 지방 공공단체에만 적용되는 특별법은, 법률이 정한 바에 따라 그 지방 공공단체의 주민투표에서의 과반수의 동의를 얻지 못하면, 국회는 이를 제정할 수 없다.

그렇게 권력분립과 인권보장, 그리고 지방자치를 보장하는 것이 입헌주의라고 한다면, 앞질러 말하건대 자민당 개헌 초안에서 규정되고 있는 '긴급사태 조항'은 그 세 가지 모두를 정지시키는 것에 다름 아닙니다. 인권의 보장과 권력분립과 지방분권을 전부 정지시키고는 그 모두를 내각 총리대신이 장악한다는 것이 개헌안 제98조·99조 '긴급사태 조항'의 취지이기 때문입니다. 실로 그런 것이라면, 이는 다름 아닌 '입헌주의의 정지'가 개정 헌법 속에 새로이 규정되려 하고 있음을 보여줍니다.

이와 관련하여, 민주주의가 기능한다면 '입헌주의의 정지'라는 사태를 막을 수 있는 게 아니냐는 반론도 예상됩니다. 이는 선거에 의해 뽑힌 국회의원이 혹시 잘못된 결정을 했다면 다음 선거에서 낙선시키면 된다는 생각이고, 민주주의라는 것이 국회의원에게도 자제력이 작동하게 만드는 시스템인 이상 그것을 신뢰할 수밖엔 없다는 논리이기도 합니다. 물론 민주주의가 그렇게 바라는 방향으로만 기능한다면 그보다 좋은 일은 없을 겁니다. 그러나 의회제 민주주의는, 다른 말로 바꿔 표현하자면, 어떤 뜻에선 "기간이 구획된 독재"[7]로도 연결됩니다. 왜냐하면 의원내각제라는 것은 국회에서 다수를 얻은 당파가 내각을 조직하는 것이기 때문입니다. 전쟁 이전 정부의 초연주의超然主義[거국=일치 내각]에 맞서 의회의 다수파 정당이 내각을 조직하는 정당내각제가 '헌정의 상도常道'로서 추구되었습니다. 그러나 국권의 최고기관인 국회에서의 다수파가 행정부의 수장을 결정하고 내각을 조직한다는 것은 이미 그 단계에서 입법권과 행정권이 하나로 융합되고 있음을 뜻합니다. 실제로 국회에 제출된 법안의 9할 가까이가 다름 아닌 각의제출법안(각법閣法)인 것이 상례가 되어 있습니다.

이런 상태에 맞서 국회의 위헌 입법이나 행정부의 위법행위를 재판함으로써 국민의 권리 구제를 도모해야 할 사법권은 현재 어떠할까요? 최고재판소의 재판관은 내각이 임명하며 하급재판소의 재판관 역시도 최고재판소가 지명한 명단에 따라 내각이 임명합니다. 현재의 헌법 제6장[사법] 제79조[최고재판소의 구성 및 재판관 임명의 국민심사]에는 최고재판소의 재판관은 임명 이후 처음 행해지는 중의원 선거에서 국민심사에 부쳐지며

• •

7. 이는 민주당 대표 및 내각 총리대신(2010. 6~2011. 8)을 역임했던 간 나오토 의원이 2009년 3월 참의원 내각위원회에서 했던 발언이기도 함. 이 발언의 연장선에서 다수파 민주당 내각의 각의 결정에 의한 2011년 3·11 재난−비상시 조치가 있었다.

그 이후 10년 뒤에 다시 심사를 받게 되어 있지만, 이번 자민당 개헌 초안을 따르면 그런 심사제마저도 없어지게 됩니다.

현행 헌법

제79조

1 최고재판소는 그 수장인 재판관 및 법률이 정한 인원수, 그 외의 재판관으로 이를 구성하며 그 수장인 재판관 이외의 재판관은 내각이 이를 임명한다.

2 최고재판소 재판관의 임명은 그 임명 이후 처음으로 행해지는 중의원 의원총선거에서 국민의 심사에 부쳐지고, 그 후 10년을 경과한 뒤에 처음 행해지는 중의원 의원총선거에서 다시 심사에 부쳐지며, 그 이후에도 마찬가지로 한다.

3 앞항의 경우, 투표자의 다수가 재판관의 파면이 가(可)하다고 할 때, 그 재판관은 파면된다.

4 심사에 관한 사항은 법률로 이를 정한다.

5 최고재판소의 재판관은 법률이 정한 나이가 될 때 퇴직한다.

6 최고재판소의 재판관은 모두 정해진 기한에 상당액의 보수를 받는다. 이 보수는 재임 중에 감액할 수 없다.

그리고 검찰은 행정부 기관인 법무성 아래에서 검찰관(검새 일체주의를 취하고 있기 때문에 모든 검찰청 직원은 법무성

관료이기도 한 검사총장의 지휘감독을 따르게 되어 있습니다. 그런 상태이기 때문에, 무슨 일이 일어나고 있는지 국민의 눈에는 명확한 사건, 예컨대 정치자금을 수취하고 중개했을 아마리[전(前) 경제재생대신] 사건이 불기소 처분을 받게 되는 것이 죠. 스스로 결백을 증명할 터였던 아마리 씨도 국회 개회 중에는 전혀 출석하지 않다가 국회가 폐회하자마자 정치활동을 재개한 듯합니다. 검찰이 법무성의 지휘 아래에 있는 이상 정권에 심각한 타격이 되는 사안은 언제나 불기소로 결정될 수 있으며, 혹은 법무대신에 의해 지휘권이 발동될 수도 있습니다. 다른 한편, 정부의 의사나 방침으로 행해지고 있는 형사 사건의 수사, 이른바 '국책 수사'에 의해 오자와 이치로 씨[국가공안위원회 위원장, 내각 관방부장관, 자민당 간사장, 신진당·자유당·민주당 당수 및 대표 역임] 등의 정치적 힘이 박탈당했던 사건도 여전히 기억에 새롭습니다.

이상과 같이 입법권도 사법권도 행정권도 하나로 흡수되고 있는 것이 현재의 실태입니다. 곧 삼권분립이 아니라 삼권합일이 우리들 의원내각제의 커다란 징후로 나타나고 있는 겁니다. 일반적으로 현대 국가에서는 '행정국가화'가 진행된다고들 하는데, 일본에서 행정권으로의 권력 집중은 입법부 여당 내부의 아베 1강 체제를 더욱 강화해가고 있습니다.

이러한 사태가 나타나는 배후에는 중의원 선거에서의 소선거구 비례대표 병립제도의 문제가 있습니다. 특히 문제는 소선거구제입니다. 이 선거제도에서는 한 표라도 많이 획득한 후보자가 당선됩니다. 그렇기 때문에 투표율이 50% 초반을 맴돌고 있을 때에 과반수를 얻어 당선되면 사실상 유권자 전체의 25% 지지만으로 당선이 확정되는 것이죠. 실제로 2014년 12월 선거에서 자민당은 유효득표 48%로 절반 이하에 머물렀음에도 의석 점유율로는 76%에 이르렀습니다. 그리고 투표율이 과거 최저인 52.66%에 머물렀음을 감안한다면 전체 유권자의 25% 정도만으로 8할에 가까운 의석을 얻고 있는 것이 됩니다. 거꾸로 말하면, 국민 25%의 목소리가 중의원에 가면 76%의 목소리로 확대되는 것이죠. 참고로 그 중의원 의원선거에서의 '사표死票'는 전체의 48%에 해당하는 2,540만 표였습니다. 곧 2,450만 명의 의견은 의석에 반영되지 않았던 것이죠.

동일한 문제는 참의원 서른 두 곳의 1인 지역구에서도 생겨납니다. 중선거구제에서 자주 지적되듯이 동일한 정당에서 여러 후보자가 출마하여 칼을 맞대면 거기엔 파벌 간의 체크와 밸런스가 작용하는 계기 역시도 가능했을 터인데, 소선거구제와 정당 조성금 제도 아래서는 당의 집행부, 특히 당 총재의 의향이 결정적인 것이 되고 총재의 안색을 살펴 누구도 이견을 표하지 않는 것이 당연시됩니다. 선거구민의 의견이 아니라 윗자리에 앉은 총재 말고는 아무것도 볼 수 없는 '넙치[눈이 위쪽을 보고 있는] 의원'이 당론에 구속된 채로 움직일 따름인바,

거기서는 마치 메이지 시대 나카에 초민이 국회를 가리켜 '무혈충無血蟲의 진열장'[8]이라고 불렀던 상황이 재현되고 있는 것과 다르지 않습니다.

거기서 생겨났던 것이 '다수자의 전제專制'라는 문제입니다. 우리들은 소학교 이래로 다수결에 있어 소수의견을 존중하지 않으면 안 된다고 배워왔습니다만, 과연 오늘날 그런 다수결이 기능하고 있는 것일까요? 실제로 행해지고 있는 일은 머릿수의 힘으로 강행되는 '수數의 정치'입니다. 전제라는 것이 반드시 소수자가 행하는 힘인 것만은 아니죠. 그렇기 때문에 의회제 민주주의는 '기한이 구획된 독재'가 됩니다. 바람과도 같은 민의民意를 배경으로 백지위임된 것이라는 논리 아래, 전제가 '이미 정해진 정치'로서 자화자찬되고 마는 사태가 벌어지게 되는 겁니다.

게다가 이러한 '다수자의 전제'는 필연적으로 과두지배가 됩니다. 과두지배라는 것은 소수의 사람들이 조직을 지배한다

• •
8. 이는 제1회 제국의회(1890. 11. 29) 예산안 처리에 관련된 정부와 의회 간의 합의 및 결렬의 경험 끝에 나카에 초민이 썼던 논설 제목(<입헌자유신 문> 195호, 1891년 2월). '무혈충의 진열장'은 저 '동양의 루소' 나카에가 당시의 대표제 정치 속에서 사고하고 있던 '진리 발견의 장'으로서의 의회론, 곧 의원의 자율성과 당론의 획정 사이에서의 균형점과 합의점을 구성해가는 시도가 현실 속에서 좌절되고 대표의 본뜻이 해체되고 있는 상태를 가리키 는 용어.

는 말입니다. 민주주의를 두고 다수자의 지배로서 다수의 의지가 집약되어가는 것인가라고 묻는다면, 결코 그렇지 않으며, 오히려 소수의 톱[top]만이 결정의 권한을 독점하는 시스템으로 만들어져간다는 경험적 법칙이 도출됩니다. 이는 로베르트 미헬스라는 정당정치학 연구자가 지적한 것이지만, 현재의 아베 내각에서 그 특질을 정확히 볼 수 있습니다. 내각부에 인사국이 설치되고, 그 다음으로 NSC·국가안전보장국이 설치됨으로써 행정부의 인사도, 안전보장 정책도, 비밀보호 지정도 내각의 소수에 의해 결정되고 있는 상태이기 때문입니다.

문제는 거기에 있습니다. 곧 민주주의는 국민 다수의 목소리를 반영한다는 전제 위에서 성립되는 것이지만, 그렇게 상정된 그대로 기능하지는 않습니다. 다름 아닌 민주주의가 '다수자의 전제' 그리고 '과두지배의 철칙'[9]이 될 때, 이를 규제하는 힘, 그것이 다름 아닌 입헌주의입니다. 입헌주의는 민주주의의 폭주나 불규칙적인 탈선들逸脫을 체크하는 것입니다. 그 국면에

●●
9. 로베르트 미헬스, 『현대 민주주의에서의 정당의 사회학: 집단 활동의 과두제적 경향에 관한 연구』(1911, 국역본 『정당론: 근대 민주주의의 과두적 경향에 대한 연구』, 김학의 옮김, 한길사, 2015). 소수자 지배의 방법과 법칙을 가리키는 '과두제의 철칙' 개념은, 독일 사회민주당(SPD) 당원 및 주요 이론가로 활약한 미헬스가 의석수 확보와 다수화 경향 속에서 정부 정책에 타협하고 조직 유지에 골몰했던 사회민주당의 상태를 비판하기 위한 것이었음.

서 민주주의와 입헌주의는 서로 대립하는 것이 됩니다. 제가 민주주의와 입헌주의가 반드시 동시에 성립하는 것은 아니며 때로는 길항 관계를 맺는다고 생각하는 것은 그런 까닭에서입니다.

물론 다수의 의견을 통해 정부가 결정되는 것은 민주주의의 한 가지 기초이므로 그 전부를 부정할 수는 없습니다. 그러하되 국회의원은 어디까지나 공약에 관한 시시비비의 진단을 국민의 선거로 신임 받은 것이므로, 그들 국회의원이 선거 공약(매니페스토)을 실행해야 할 책무를 짊어진 것은 분명한 사실입니다. 그러나 최근의 선거를 돌아보면, 과연 어느 정도로 공약이 지켜졌는지 의문스럽습니다. 예컨대 이번 참의원 선거와 관련하여 자민당의 공약을 선전하는 홈페이지를 보면, "자민당이 여러분께 약속한 공약을 게재하고 있습니다. 자민당은 실현 가능한 약속만이 진짜 공약이라고 생각합니다"라고 되어 있습니다. 제 눈을 의심할 수밖에 없는데, 그 문구는 당연히도 농담이 아니라 진심일 겁니다. 말이라는 것에 아무런 신뢰를 보낼 수 없는 사회, 무책임한 말과 논리를 토해내더라도 아무런 아픔을 느끼지 못하는 '무통無痛사회'를 정치가 앞장서 만들어내고 있는 것입니다.

예컨대 자민당 공약집은 "이 길을. 힘차게, 앞으로"라는 슬로건에서 시작하고, 매우 작은 글자로 26항에 이르는 공약을 나열하고 있습니다. 그러나 바로 직전의 선거 공약 속에서 손대지 않고 있는 게 무엇인지는 쓰여 있지 않습니다. 아베 수상이 재임 중에 실현하고 싶은 것으로서 올해 국회 회기 중에도 단언했던 헌법 개정에 대해서는, '국민 합의 위에서의 헌법 개정'이라는 항목에서, 최후의 최후에 이르기까지 "헌법 심의회에서의 논의를 진행하고, 각 당과의 제휴를 도모하며, 아울러 국민의 합의 형성에 노력하면서 헌법 개정을 지향하겠습니다"라는 무난한 문구만이 나열되어 있을 뿐입니다. 헌법의 어떤 부분을 어떻게 변경할 것인지에 대해서는 전혀 제시하고 있지 않죠.

그러나 우리들은 이러한 사태에서 기시감을 느낍니다. 우선 2012년 11월 민주당과 자민당의 당수黨首 토론에서 아베 수상은 다음과 같이 역설했습니다. "저희들은 이미 선거 공약으로 내년의 정기국회에서의 정족수 감소와 선거제도 개정을 행하겠다고 약속했습니다. 지금 이 자리에서 그것을 분명히 진척시켜나갈 것임을 약속드립니다." 그렇게도 '약속합니다'를 연발했음에도, 2013년 정기국회에 이르러 중의원 의원 정족수를 줄인다는 그 약속은 이토록 간단히 휴지조각이 되고 말았습니다. 그 대신에 무엇이 실현됐는지요? 「특정비밀 보호법」입니다. 이를 정책 과제로 삼겠다는 말을 들어보았던 유권자가 대체 어디에 있었습니까?

2014년 12월 중의원 선거에서 아베 수상은 말합니다. "내년 10월의 소비세 인상을 18개월 연기한 다음, 그때가 되어 다시 연기하는 게 아닌가라는 목소리가 있습니다. 다시 연기하는 일은 결코 없습니다. 여기서 여러분께 확실히 단언합니다. 2017년 4월 인상에 있어서는 경제 및 경기에 관한 판단 조항을 덧붙이는 일 없이 확실히 실시하겠습니다. 3년간, '세 개의 화살'을 거듭 앞으로 날려 보내는 것으로 반드시 적정한 경제 상황을 만들어낼 수 있습니다. 저는 그렇게 결의하고 싶습니다."[10] 이렇게까지 호언장담하며 공약했었고, 그 선거가 아베노믹스에 대한 신임을 묻는 것임을 전면에 내세워 승리를 얻었습니다. 그러나 선거가 끝난 뒤 가장 먼저 추진됐던 것은, 위헌의 목소리가 높았던 안전보장법안의 성립을 앞질러 미국 의회에 약속하고 이후에 국민에게 알린다는 본말전도의 절차를 강행하는 일이었습니다. 이에 대해 비판이 분출하자 아베 총리는 선거 연설 때에도 헌법 개정을 언급했으므로 공약

10. '세 개의 화살'은 2014년 6월 30일 일본 경제의 구조개혁 단행을 표현한 아베의 기고문 속에 있던 단어. 대담한 금융정책, 기동성 있는 재정정책, 민간의 투자활성화를 통한 성장전략. 2015년 9월 자민당 총재 선거에서 재선한 아베가 향후 3년간 '일억 총 활약 사회'를 '아베노믹스 제2스테이지'의 기본으로 설정하고 '새로운' 세 개의 화살을 제안함. 희망을 만들어내는 강한 경제, 꿈을 자아내는 양육 지원, 안심으로 이어지는 사회보장이 그것이다.

위반은 아니라고 강변하였습니다.

그리고 6월이 되어 국회가 개회되자마자 소비세 증세와 관련하여 "다른 새로운 판단"을 하게 됐다면서 다시 연기를 결정한다고 표명했습니다. 온 힘을 다해 말한 저 약속의 말들은 '새로운 판단'이라는 말로 그토록 간단히 떠내려 보내고는 끝이라는 걸까요? 그런 행위를 평범한 사회인이 했다면 어떨까요? 그 사람의 언동은 결코 믿을 수 없게 될 것입니다. 행정의 최고책임자이므로 허용되는 것들이 상습화되어가는 국정 앞에 어떤 미래가 기다리고 있을지, 뼛속까지 얼어붙는 느낌을 금할 수 없습니다.

아마도 이번의 참의원 선거에서 헌법 개정 문제가 쟁점이 되지는 않겠죠. 그러나 헌법 개정 지지파 의원이 의석 가운데 3분의 2를 점하면 개헌의 움직임이 시작될 것입니다. 그리고 그때는 "사실상 자민당의 공약 속에는 헌법 개정을 지향한다고 쓰여 있으니 유권자에게 약속했던 공약을 실행하는 것일 뿐"이라고 말하겠죠. 오늘까지 4년 이상에 걸친 "아베노믹스 이외에 다른 길이 없다"는 생각, 그 믿음과 인정을 따져 묻는 패턴의 선거가 반복되어왔지만 — 세 개의 화살은 진정 어디로 날아갔던가, 이는 알 수도 없습니다 — 이제는 아베 정권의 선거 전략의 기계장치^{カラクリ[실로 조종·조작함; 편법]}에 눈속임 당하고 농락되어서는 안 되는 상태에 이르렀음을 판별할 때가 눈앞에

온 게 아닐는지요?

마르크스는 "역사는 반복된다. 한 번은 비극으로, 다음에는 희극으로"라고 말했지만,[11] 우리들이 경험하게 될 세 번째는 무엇으로 반복될는지요? 참극일까요, 파멸일까요? 잘 알 수 없지만, 동일한 일이 반복됨으로써 '두 번 있었던 일은 언제든 또 한 번 되풀이된다'는 금언이 재현되지는 않을는지요?

3. 헌법의 체계적 이해와 자민당 개헌의 방향성

물론 헌법 개정은 자민당이 결성된 이래의 당 기본방침黨基本인 바, 아베 수상이 재임 중에 헌법을 개정하고 싶다면 명확한 쟁점으로서 유권자의 진단에 따르면 그것으로 마무리될 이야기겠지만, 자민당의 간부는 헌법 개정에는 유권자의 표가 필요하지 않으며 개헌 신중론의 여론 아래에서 그 표란 불리하게 작용하리라고 공언하고 있습니다. 여러분께서는 앞으로 투표

· ·

11. 마르크스, 「루이 보나빠르뜨의 브뤼메르 18일」(1852)의 첫 문장. "헤겔은 어디에선가『역사철학 강의』 3부 세계사에서 막대한 중요성을 지닌 모든 사건과 인물들은, 말하자면 두 번 나타난다고 지적하였다. 그러나 그는 그런 반복이 한 번은 비극으로 다음번은 희극으로 나타난다고 덧붙이는 것을 잊었다."(칼 마르크스, 『프랑스 혁명사 3부작』, 임지현·이종훈 옮김, 소나무, 1991, 162쪽)

일까지 각 당이 헌법을 둘러싸고 어떤 공약을 제시하는지, 그리고 선거 이후 그것이 어떻게 취급되는지 주의 깊게 봐주셨으면 합니다. 역사의 증인이 되는 이는 다름 아닌 자기 자신이니까요.

그렇다면 앞으로의 헌법 개정에서는 무엇이 문제가 되어 갈는지요? 우선적으로 문제가 될 것은 현행 헌법 96조의 개정입니다. 앞에서 말했던 것처럼 다수결, 즉 2분의 1 이상으로 정치의 결정이 행해진다고 한다면, 투표율 50% 안팎을 가정할 때 유권자 전체 숫자의 25% 이상으로 결정할 수 있게 되는 것이죠. 그러나 중요한 문제는 역시 신중한 절차에 따른 숙의를 거침으로써 더 많은 국민의 찬동을 얻을 필요가 있습니다. 하물며 그것이 헌법을 개정하는 일이라면, 본래는 헌법 제정권자인 국민의 총의總意에 근거해야 한다고 요구될 것입니다. 그렇기에 일본국 헌법 제9장[개정] 제96조[개정의 수속]에서는 "각 의원議院의 3분의 2에 의한 발의"를 통해 헌법을 개정할 수 있도록 되어 있는 것이죠. 이에 대해 아베 수상은 "나머지 3분의 1의 의원들이 발의를 방해하는 것은 적절치 않으며[무엄하고 괘씸하며] 그런 의원들이라면 낙선시키지 않을 수 없다"고 하면서, 발의 요건을 2분의 1로 할 것을 주장했습니다. 아베 총리가 야구장 시구에 96번이라는 등번호를 달고 등장한 것[96조 개정을 어필함]을 기억하고 계신 분도 있으실 터입니다.

현행 헌법

제96조

1 이 헌법의 개정은 각 의원 전체 의원수 3분의 2 이상의 찬성으로, 국회가 이를 발의하고, 국민에게 제안하여 그 승인을 거치지 않으면 안 된다. 이 승인에는 특별국민투표 또는 국회가 정한 선거 때에 행해진 투표에서 그 과반수의 찬성을 필요로 한다.

2 헌법 개정에 관하여 앞항의 승인을 거쳤을 때는, 천황은, 국민의 이름으로, 이 헌법과 일체를 이루는 것으로서 즉각 이를 공포한다.

그런 움직임에 맞서, 그것이야말로 입헌주의를 근저로부터 전복하는 일에 다름 아니라는 생각에서 '96조를 지키는 모임'이 전국에서 결성되어 반대의 목소리를 높였습니다. 그리하여 일단은 표면 아래로 틀어박힌 형태가 되어 있습니다만, 헌법 개정의 본거지가 제9조에 있는 이상 제96조의 개정이 논의되리라는 점은 분명합니다.

시간이 꽤 흘렀으니, 지금부터는 일본국 헌법과 자민당 개헌 초안을 비교하면서 살펴보고자 하는데, 먼저 헌법을 어떻게 읽을 것인가라는 점을 둘러싸고 확인해두고 싶은 게 있습니다.

이는 어디까지나 제가 헌법을 읽는 방식으로 들어주셨으면 하는 것인데, 헌법이 어떤 체계로 구성되어 있는가라는 점이 중요합니다. 월터 배젓이라는 영국의 법학자가 쓴 『잉글리시 컨스티튜션』[The English Constitution, 1867; 국역본 『영국 헌정』, 이태숙·김종원 옮김, 지만지, 2012]이라는 저술은 단순히 '영국 헌법'을 뜻하는 게 아니라 '영국의 국가 상태'라는 뜻을 담고 있습니다. 일본국 헌법의 경우에도 그 속에 국가와 국민의 상태가 어떤 식으로 구성되어 있는지를 생각해볼 필요가 있습니다. 그 헌법이 결정하고 있을 국가의 상태를 읽어내는 일, 혹은 헌법의 체계로부터 국가 및 국민의 상태를 어떻게 읽어낼 것인지가 무엇보다 중요한 점이며, 조문의 일부만을 끌어내는 게 아니라 헌법 전체의 구성 안에서 그 조문이 어떻게 위치 부여되고 있는지를 읽어내는 일이 중요하다고 하겠습니다.

헌법의 해석에 있어 두 번째로 생각할 필요가 있는 것은 구체적 조항들이 어떠한 입법사실立法事実과 목적에 따라 구성되었는지를 아는 것입니다. 입법사실이란, 조항들을 만들 당시에 어떤 구체적 사실의 맥락이 있었는지, 그리고 그것을 어떻게 규제하려고 했는지, 혹은 그런 사정을 어떻게 바꾸려고 했었는지에 관련된 것입니다. 헌법 해석에서 세 번째로 생각하지 않으면 안 되는 것은 문리해석文理解釈입니다. 즉, 그 조문에서 사용되고 있는 개념이나 말의 뜻은 무엇인가, 그것을 문맥 속에서 어떤 식으로 해석해야 할지에 관련된 것이죠. 이런 점들은 기본적으로 헌법학자나 재판소에서 행해지고 있는 것입니다.

그렇게 일본국 헌법의 구성을 체계적으로 해석하면 어떻게 될까요? 물론 그 세부 사항을 짧은 시간 안에 모두 말할 수는 없겠는데, 극히 포괄적으로 말하자면 일본국 헌법 전문과 9조, 11조·13조, 그리고 97조·98조가 연쇄 고리로서 구성되어 있다는 점이 중요합니다.

일본국 헌법의 기축이 되고 있는 것은 헌법 전문에 나오는 "평화 속에서 생존할 권리", 이른바 평화적 생존권으로 규정되는 것입니다. 이 평화적 생존권을 어떤 방법으로 실현할 것인지를 규정했던 조항이 전력戰力 보유 및 교전권을 인정하지 않음으로써 전쟁을 포기한 제9조입니다. 일본국 헌법 전문과 9조는 일체로서 존재합니다. 일본국 헌법 제2장[전쟁의포기]이 그런 9조 하나만으로 되어 있는 다소 이상한 구성을 취하고 있는 것은 애초의 9조에 들어 있던 추상적 표현들을 따로 조문으로 설정하지 않고 전문으로 옮겼기 때문이죠.

전쟁 없이 평화적으로 생존할 권리를 보장한 상태에서, 이어 구체적으로 어떤 권리를 실현해 나갈지를 헌법 안에 어떻게 설정할 것인가. 이에 관련된 것이 제3장[국민의 권리 및 의무] 제11조와 제13조에서 말해지는 기본적 인권의 총체에 관한 규정입니다. 즉 9조로 정해져 있는 전쟁을 수행하지 않았을 때에 확보될 수 있는 인권을 13조에서는 '개인의 행복추구권'으로 설정하며, 그 13조의 전제가 되는 것이 11조·12조로 설정되어 있는 것이죠[이는 7장에서 분석됨]. 그리고 13조의 '행복을 추구할 권리'[정확한 문장은 "생명, 자유 및 행복 추구에 대한 국민의 권리"]가 구체적인 내용으로 규정되고 있는 것이 3장 25조[생존권 및 국민생활의 사회적 진보향상에 노력하는 나라의 의무]입니다.

현행 헌법

제25조

1 모든 국민은 건강하며 문화적인 최저한도의 생활을 영위할
   권리를 갖는다.
2 나라는 모든 생활 부문에 관련하여 사회복지, 사회보장
   및 공중위생의 향상과 증진에 노력하지 않으면 안 된다.

여기서는 국민이 '건강하며 문화적인 최저한도의 생활을 영위할 권리', 그런 삶의 상태를 정부가 보장하지 않으면 안 된다고 규정되고 있습니다. 이런 상보성 안에서 보장된 평화적 생존권은 다수파의 판단에 의해 자유롭게 변경될 수 없는 보편적인 것이며, 제10장[최고법규] 제97조[기본적 인권의 유래·특질]에 나오는 것처럼 "인류의 다년간에 걸친 자유 획득의 노력에

따른 성과"로서, "현재 및 장래의 국민에 대해 침범할 수 없는 영구적인 권리로서 신탁됐던 것"이고, 그 점이 헌법을 "최고법규"[98조(헌법의 최고성과 조약 및 국제법규의 준수)]로 위치짓는 이유라고 할 수 있습니다. 이런 사고방식은 전문에서 시작하여 11조를 거치고 97조로 다잡아 묶이는 구성으로 제시되고 있죠. 여기서 확인해두지 않으면 안 되는 것은, 이 지극히 중요한 일본국 헌법 97조가 자민당 개헌 초안에서는 삭제되어 있다는 사실입니다.

현행 헌법

제97조

이 헌법이 일본 국민에게 보장하는 기본적 인권은 인류의 다년간에 걸친 자유 획득의 노력에 따른 성과이며, 이들 권리는 과거에 허다한 시련을 견디며 현재 및 장래의 국민에 대해 침범할 수 없는 영구적인 권리로서 신탁된 것이다.

제98조

1 이 헌법은 나라의 최고법규이므로, 그 조항에 반하는 법률, 명령, 조칙 및 국무에 관한 그 외의 행위 전부 또는 일부는 그 효력을 갖지 못한다.

2 일본국이 체결한 조약 및 확립된 국제법규는 이를 성실히

준수할 필요가 있다.

자민당 개헌 초안
제11장 최고법규
[현행 헌법 97조] 삭제

4. 자민당 개헌안과 일본국 헌법의 전문前文

그러면 자민당 개헌안이 구체적으로 어떻게 되어 있는지를 현행 헌법과 비교하면서 살펴보도록 하겠습니다. 시간이 정해져 있기 때문에 아무쪼록 스스로 정독해주시길 바라는데, 오늘 저는 헌법 조문을 구성하는 주어와 술어가 어떤 호응관계로 되어 있는지에 주목하여 말씀드리고자 합니다. 먼저 일본국 헌법과는 완전히 다르게 신설된 자민당 개헌안의 전문을 읽어 보시죠.

자민당 개헌 초안
전문
　일본국은 긴 역사와 고유한 문화를 가지며, 국민통합의 상징인 천황을 받드는 국가이고, 국민주권 아래 입법, 행정 및 사법의 삼권분립에 기초하여 통치된다.

우리나라는 이전의 대전大戰에 의한 황폐와 허다한 대재해를 극복하고 발전을 이뤄냄으로써 이제 국제사회에서 중요한 지위를 점하고, 평화주의 아래 여러 외국과의 우호관계를 증진시켜 세계의 평화와 번영에 공헌한다.

일본 국민은 긍지와 기개를 가지고 나라와 향토를 스스로 지키며, 기본적 인권을 존중함과 동시에 [조]화和를 존중하고, 가족이나 사회 전체가 서로 도와 국가를 형성한다.

우리들은 자유와 규율을 중시하며, 아름다운 국토와 자연환경을 지켜나가고, 교육이나 과학기술을 진흥해 활력 있는 경제활동으로 나라를 성장시킨다.

일본 국민은 좋은 전통과 우리들의 국가를 오래도록 자손이 이어받도록 하기 위하여, 여기 이 헌법을 제정한다.

자민당 개헌안의 제1단락에서 먼저 확인해두어야 하는 것은 그 주어가 '일본국'이라고 되어 있다는 점입니다. 이어 '국민주권 아래' '삼권분립에 기초하여 통치된다'가 서술부를 구성합니다. 단, 그 국가의 고유성으로서 특별히 기록되어 있는 것은 '천황을 받드는[모시는] 국가'라는 점입니다. 거기에는 '일본국'의 원수元首나 통치구조에 관한 서술은 있지만, '일본 국민'이 어떤 주체로 존재하는가에 관해서는 전혀 언급되어 있지 않습니다. 이 단락의 주어와 술어를 포착하여 간단히 정식화하면, "일본국은 ~ 통치된다"가 됩니다.

　이어지는 제2단락에서의 주어도 '우리나라'입니다. 그 '우리나라'가 어떤 국가인지를 설명하는 단락이죠. 이에 따르면 '이전의 대전에 의한 황폐와 허다한 대재해를 극복하고 발전'한 국가라는 점이 과시되고 있습니다. 그러나 '이전의 대전에 의한 황폐'함을 초래한 이들은 누구였을까요? 또 그 책임은 누가 어떻게 짊어짐으로써 오늘에 이르렀던 것일까요? 아니 애초에 '이전의 대전에 의한 황폐'에 타격을 입은 것이 '우리나라'뿐이었다고 해도 되는 것일까요? 그 재앙을 동아시아 및 태평양의 사람들에게 초래했던 사실은 어떻게 인식되고 있으며, 어떻게 그 책임을 맡아왔다고 말하는 것일까요? 결코 빠트려서는 안 될 그런 논점들이 완전히 누락되고 있는 것은, 헌법 전문에는 국가의 장점美点만을 기록[기억]해야 한다는 사상이 숨어 있기 때문일는지요? 그러한 의문들이 차례로 솟아나지만, 그걸 억누르고 계속 읽어보자면 '이제 국제사회에서 중요한 지위를 점하고' 있는 것이 문자 그대로 '중요한' 논점으로 제시되고 있습니다. 물론 일본국 헌법 전문에 들어 있던 '평화주의'에 관해서도 언급되는데, 그것은 '평화주의 아래 여러 외국과의 우호관계를 증진시켜 세계의 평화와 번영에 공헌한다'는, 오직 국가의 목적을 제시하는 것으로 설정되어 있습니다. 단, 이 단락에서도 '일본 국민'의 모습은 명시되지 않습니다. '이전의 대전에 의한 황폐와 허다한 대재해를 극복'한 주체는 당연히 '일본 국민'일 터이지만, '발전'했던 것만이 강조되며 그 발전은 '우리나라'의 발전으로 규정되고 있는 겁니다.

제3단락이 되어서야 겨우 '일본 국민'이 주어로 제시됩니다. 거기서 일본 국민은 무엇을 행하는 주체로 상정되고 있느냐면, '긍지와 기개를 가지고 나라와 향토를 스스로 지키'는 일을 가장 우선적으로 요청받는 주체입니다. 뒤이어 간신히 '기본적 인권을 존중'한다는 말이 나오지만, '기본적 인권을 존중'해야 한다는 문장을 받아 구체적으로 실행에 옮겨야 할 수취인은 권력자여야 함에도, '일본 국민'에게 '기본적 인권을 존중'하라고 요청하고 있는 점은 사리에 어긋나 있습니다. 이런 어긋남은 나중에 말씀드릴 자민당 개헌안 9조의 3항[영토 등의 보전. "나라는 주권과 독립을 지키기 위해 국민과 협력하여 영토, 영해 및 영공을 보전하고 그 자원을 확보하지 않으면 안 된다."]에도 해당됩니다. 그러나 어찌 되었든 자민당 개헌안에도 국민주권, 평화주의, 기본적 인권의 존중이라는, 일본국 헌법의 기초적 원칙이 답습되고 있다고 할 수는 있겠죠. 그 위에서 '일본 국민'에게 요청되고 있는 것은 '[조]화를 존중하고 가족이나 사회 전체가 서로 도와 국가를 형성'하는 일입니다. 요컨대 제3단락의 주어와 술어를 연결해 읽으면 "일본 국민은 ~ 국가를 형성한다"가 됩니다. 여기서도 '기본적 인권을 존중'하는 것이 국가 형성의 보상으로 주어지며, 그런 국가 형성이 국민의 자격으로서 부여되고 있는 게 아닌가라는 의혹이 일어납니다. '기본적 인권을 존중'하는 일은 그 자체로서 존중되는 게 아니라, '기본적 인권을 존중함과 동시에'라고 표기되어 있듯이, 오직 '국가를 형성'하는 일에 이바지하는 차원에서만 존중되는 게 아닌가라는 의문인 것이죠.

제4단락의 주어는 '우리들'로 되어 있습니다. 이 '우리들'은 권력자를 가리키는 게 아니라 '일본 국민'을 가리키는 것으로 이해되어야겠지만, 거기서 요청되고 있는 것은 '자유와 규율을 중시하며 아름다운 국토와 자연환경을 지켜나가고 교육이나 과학기술을 진흥해 활력 있는 경제활동으로 나라를 성장'시키는 일입니다. 우리들 '일본 국민'에게 기대되고 있는 일, 짊어져야 할 역할로 되어 있는 것은 개인으로서 생존하는 의의나 목적이 아니라 어디까지나 국토를 지키는 일이며, '교육과 과학기술을 진흥'시키는 것도 개인으로서의 성장이나 행복추구의 일환으로서가 아니라 '활력 있는 경제활동으로 나라를 성장시킨다'는 한 가지 점으로 수렴해갈 따름입니다. 이것이 자민당 개헌안을 통해 제시된, 우리들이 태어나고 살아가기 위한 과제가 되고 있는 겁니다. 이는 기업의 슬로건이 아닙니다. 사람들이 모여 국가라는 것을 이룬 의의가 과연 경제성장 한 가지만으로 쥐어 짜여도 되는 것일까요? 저출산 고령화 사회에 들어간 일본이 어디까지 경제성장만을 추구할 수 있을지, 또 진정 그것이 가능한 것일지 의문입니다. 오히려 성숙한 사회로서의 지속성을 지켜가는 방법을 제시하는 일이 더 요구되고 있는 게 아닌지 여러 의문들이 넘치는 것입니다. 우리들, 그리고 다음 세대의 사람들이 21세기를 전망하고 그 이념을 구성하고 신임하고자 할 때, 경제성장 이외에 다른 지침이라곤 없는 국가에 얼마나 매력을 느낄지 의문입니다.

마지막 제5단락 '일본 국민은 좋은 전통과 우리들의 국가를 오래도록 자손이 이어받도록 하기 위해 헌법을 제정한다'라는 문장에는 헌법 제정권자로서의 위치를 설정하고 있습니다. 그러나 왜 '일본 국민'이 '헌법을 제정하는' 것인지는 오직 '전통과 국가'를 자손들에게 언제까지나 계승시킨다는 목적으로 단정되어 있습니다.

여기까지, 간단히 자민당 개헌 초안의 전문에서 보이는 원리를 해석해보았습니다. 이미 여러분께서 충분히 이해하셨으리라 생각하는데, 그 전문에서 일관되게 말하고 있는 것은 '국민'이 국제사회 속에서 어떻게 살아가야 하는지, 어떤 존재의식을 지니고 살아가야 하는지의 문제가 아니라 어떻게 경제성장에 기여해야 하는지, 혹은 어떻게 국가에 공헌해야 하는지에 주안점이 놓여 있다는 점입니다. '긴 역사와 고유한 문화를 가진' 국가가 국민보다도 아프리오리하게[선험적으로] 존재하고 국가의 존속에 이바지하는 한도 안에서만 국민의 존재가 인정될 수 있다는 겁니다. 그렇다면, 자민당 개헌안과 비교하여 현재의 일본국 헌법 전문은 어떤 구성으로 되어 있는지 살펴보기로 하죠.

현행 헌법

전문

일본 국민은 정당하게 선출된 국회에서의 대표자를 통해 행동하고, 우리들과 우리들의 자손을 위해, 여러 국민과의 협화에 따른 성과와 우리나라 전 국토에 걸쳐 자유가 가져올 혜택을 확보하고, 정부의 행위에 의한 전쟁의 참화가 다시는 일어나지 않도록 할 것임을 결의하며, 여기 주권이 국민에게 있음을 선언하면서, 이 헌법을 확정한다. 무릇 국정은 국민의 엄숙한 신탁에 따르는 것이고, 그 권위는 국민에게서 유래하며, 그 권력은 국민의 대표자가 행사하고, 그 복리는 국민이 향유한다. 이는 인류 보편의 원리인바, 이 헌법은 그러한 원리에 기초한 것이다. 우리들은 이에 반하는 일체의 헌법, 법령 및 조칙詔勅을 배제한다.

일본 국민은 항구적 평화를 염원하고 인간 상호간의 관계를 지배하는 숭고한 이상을 깊이 자각하고, 평화를 사랑하는 여러 국민의 공정함과 신의를 신뢰하며, 우리들의 안전과 생존을 보존하고자 결의했다. 우리들은 평화를 유지하고 전제專制와 노예적 복종, 압박과 편협을 땅 위에서 영원히 제거하고자 힘쓰고 있는 국제사회 속에서 명예 있는 지위를 점하고자 한다. 우리들은 전 세계의 국민이 오롯이 공포와 결핍에서 벗어나 평화 속에서 생존할 권리를 가진다는 것을 확인한다.

우리들은, 어느 국가도 자국의 일에만 전념하여 타국을 무시해서는 안 되며, 정치도덕의 법칙은 보편적인 것이고, 이 법칙에 따르는 것은 자국의 주권을 유지하고 타국과의 대등한 관계에 서고자 하는 각국의 책무라고 믿는다.

일본 국민은 국가의 명예에 걸고 전력을 다하여 이 숭고한 이상과 목적을 달성할 것임을 맹세한다.

일본국 헌법 전문은 4개의 단락으로 이뤄져 있는데, 제1·제2·제4단락의 주어는 '일본 국민'으로 되어 있습니다. 그리고 제3단락에는 '우리들'로 되어 있지만 이것도 분명히 '일본 국민'이라는 뜻이죠. 거기에는 자민당 개헌안의 '일본국'이나 '우리나라'와 같이 국가를 주어로 하는 단락이 없습니다. 헌법의 제정권자는 '일본 국민'이고 국민이 그 제정의 방침과 내용을 권력자에게 부여하는 것이 입헌주의의 본뜻이라고 한다면, 일본국 헌법의 전문이 그렇게 구성되어 있는 것은 당연한 일이라고 해야겠지요.

그런 입헌주의 아래에서 통치 시스템을 국민주권에 기초한 의회제 민주주의로 설명하고 있는 것이 제1단락인데, 거기서 '일본 국민은 정당하게 선출된 국회에서의 대표자를 통해 행동'하고, '우리들과 우리들의 자손을 위해 여러 국민과의 협화에 따른 성과와 우리나라 전 국토에 걸쳐 자유가 가져올 혜택을 확보'할 것이라고 확인됩니다. 그리고 권력자를 상대로 한 가장 중요한 요구로서 정부가 전쟁을 일으키지 말 것을 '국민의 결의'로서 제시하고 있습니다. '일본 국민은 (…) 정부의 행위에 의한 전쟁의 참화가 다시는 일어나지 않도록 할 것임을 결의하며 (…) 이 헌법을 확정한다'는 것이 주어와 술어의 연결을 보여주고 있습니다. 입헌주의란 국민이 권력자나 공무원을 향하여 행해서는 안 되는 일이 무엇인지를 결박짓는 힘이라는 이해를 토대로, '정부의 행위'로 인해 전쟁이 일어나지 않도록 헌법 제정권자인 국민이 정부=권력자에 엄명하고 있는 상태라고 하겠습니다. 바로 여기에 입헌주의와 비전非戰의 정신이 선명하게 제시되고 있죠.

제2단락에서는 그런 비전의 정신이 지닌 구체적인 내용이 명시되고 있습니다. 거기서 '일본 국민'이 염원하는 것은 '항구적 평화'입니다. 그러나 그 평화는 단순히 일본 국민만의 평화를 뜻하는 게 아닙니다. '전 세계의 국민이 오롯이 공포와 결핍에서 벗어나 평화 속에서 생존할 권리를 가진다는 것을 확인한다'고 선언되어 있기 때문입니다. 여기서 '평화적 생존권'이라는 개념이 제시되며, 저는 그 개념이 구체적인 조문으로서는 9조부터 11조, 12조, 13조, 25조 그리고 97조로까지 전개되어간다고 이해합니다. 9조를 앞질러 인용해두겠습니다.

현행 헌법

제2장 전쟁의 포기|放棄[버리고 돌보지 않음]

제9조

1 일본 국민은 정의와 질서를 기조로 하는 국제평화를 성실히 희구하며, 국권의 발동인 전쟁과 무력에 의한 위협 또는 무력의 행사는 국제분쟁을 해결하는 수단으로서는 영구히 포기한다.

2 앞항의 목적을 달성하기 위해 육해공군과 그 외의 전력은 보유하지 않는다. 나라의 교전권은 인정하지 않는다.

제2단락에 나오는 국제 협조의 정신은 제3단락에서 더 명확하게 드러납니다. '우리들은 어느 국가도 자국의 일에만 전념하여 타국을 무시해서는 안 되며, (…) 그것은 타국과의 대등한 관계에 서고자 하는 각국의 책무라고 믿는다'는 것입니다. 헌법은 국내의 통치 시스템이나 인권보장의 방식 등을 명시하는 일을 과제로 삼지만, 동시에 국제사회를 향해 어떤 형태의 시스템을 취해야 하는지, 어떤 역할을 통해 인류에 공헌해가야 하는지를 호소하는 것 또한 과제로 삼습니다. 그럴 때, 자민당 개헌안이 '활력 있는 경제활동으로 나라를 성장'시키는 일을 국가 목표로 내세우는 것과, 현행 헌법이 '평화를 유지하고 전제專制와 노예적 복종, 압박과 편협을 땅 위에서 영원히 제거하고자 힘쓰고 있는 국제사회 속에서 명예 있는 지위를 점하고자 한다'는 것 사이에서 참으로 아득한 간격이 있음을 느끼는 사람이 과연 저 혼자뿐이겠는지요? 물론 경제적 성장과 번영을 바람직한 국가 목표라고 생각하는 국민도 적지 않겠죠. 그러나 인류 전체의 미래를 생각할 때, 어떤 특정 세대가 경제성장을 위해 희소한 자원을 소진시키거나 원자력 발전의 쓰레기 따위를 방치하는 일에 대해 브레이크를 걸어야 할 필요가 있지 않을까요? 헌법을 생각할 때에는 그런 인류사의 문맥 또한 살펴 사고해야만 하는 게 아닐까 합니다.

5. 개헌안이 지향하는 국가와 국민의 존재방식

그런데 자민당이 왜 개헌을 지향하는지 그 이유들로서는, 현행 헌법이 GHQ[12]에 의해 강요된 것이라는 점, 번역투의 문장이라는 점, 일본의 전통이 헌법 속에서 살려지지 않고 있다는 점 등이 예거되고 있습니다. 그러나 방금 읽어본 것처럼 과연 자민당의 개헌안이 격조 높은 일본어 문장으로 되어 있는지요? 거기서 일본 국민이 세계를 향해 호소할 만한 이념이나 사상으로서 진정으로 눈여겨볼 만한 의의가 발견되는지요? 물론 일본어의 어감이나 일본 문장으로서의 격조에 대한 시비나 호오의 판단은 각자 다를 것이지만, 여러분께선 스스로 판단해보셨으면 합니다.

개헌안 속에서 일본의 전통은 어떻게 표현되고 있을까요? 개헌안 전문 서두의 문장, 곧 '일본국은 긴 역사와 고유한 문화를 갖는다'라는 문장을 자민당이 가장 고집했던 게 아닐까 합니다. 그러나 깊게 생각할 것도 없이, 그 문장만큼 무의미한 것도 달리 없을 겁니다. 중국은 더 긴 역사와 고유한 문화를 갖습니다. 조선 또한 그렇습니다. 혹은 인류의 발상지라고 말하는 아프리카는 어떻습니까. 로마제국의 최전성기였던 기원전 1~2세기의 일본은 야요이彌生 시대였습니다. 역사가 길다는 것과 고유한 문화를 지니고 있다는 것, 바로 그것이야말로 모든 국가에 타당한 점이라고 해야겠죠.

●●
12. 연합군 총사령부(General Headquarters). 1945년 제2차 대전 이후 대일 점령 정책을 실시하기 위하여 도쿄에 설치되었던 관리 기구. 1952년의 대일 강화조약 발효 시까지 일본을 통치함.

자민당 개헌안의 키워드가 "고유한"이라는 낱말이라고 한다면, 이에 비교되는 현행 헌법의 키워드는 무엇인지가 문제로 떠오릅니다. "보편"과 "보편적"이라는 낱말이 그것입니다. 일본국 헌법 전문의 제1단락에는 "무릇 국정은 국민의 엄숙한 신탁에 따르는 것이고, 그 권위는 국민에게서 유래하며, 그 권력은 국민의 대표자가 행사하고, 그 복리는 국민이 향유한다. 이는 인류 보편의 원리"라고 강조되어 있고, 헌법이 바로 그런 '보편적 원리'에 기초한 것이라고 밝힘으로써 보편주의의 입장에서 헌법이 제정되었음을 선언하고 있습니다. 제3단락에서도 세계와의 협조를 통해 민주주의를 확립해가는 일을 각국의 책무로서 호소하면서 '정치도덕의 보편성'을 내세우고 있죠.

이렇게 두 전문을 비교해보면, 자민당 개헌안의 기축이 다른 국가와는 다른 '고유함'에서 가치를 발견하고자 했던 것임에 반해, 현재의 헌법은 '보편'을 지향하면서 국제사회를 향해 일본 국민이 어떤 식으로 활동해갈지에 주안점을 두고 서술된 것입니다. 요컨대 주권자인 국민이 헌법을 제정함에 있어 그 제헌의 원리를 '고유'한 것에 고착시킬 것인가, 아니면 국제사회 속 인류의 일원으로서 '보편'적인 것을 증폭시켜갈 것인가라는 선택을 재촉 받고 있다는 것이죠.

물론 자민당 개헌안이 '긴 역사와 고유한 문화'를 가졌다는 한 구절로 강조하려는 것은, 그 주어가 '일본국'이지 '일본 국민'이 아니라는 점에서도 분명하듯이, 일본이 다름 아닌 "천황을 받드는 국가"[개헌안 전문 제1단락]라는 점일 것입니다. 그렇기 때문에 개헌안 전문 뒤에 바로 이어지는 제1장[천황] 1조 속에 "천황은 일본국의 원수"라는 구절이 새로 삽입되어 있는 겁니다. 함께 읽어보시죠.

자민당 개헌 초안
제1조 (천황)
천황은 <u>일본국의 원수元首</u>이고 일본국 및 일본 국민 통합의 상징이며, 그 지위는 주권이 존[재]하는 일본 국민의 총의總意에 기초한다.

현행 헌법
제1조
천황은 일본국의 상징이고 일본 국민 통합의 상징이며, 이 지위는 주권이 존[재]하는 일본 국민의 총의에 기초한다.

앞서 보았듯이, '[조]화를 존중함' 혹은 '[조]화를 존귀하게 여김'이라는 말이 일본이 지닌 '고유한 문화'의 내용을 가리키는 듯합니다. 이 말을 들으시고는, 혹여 근대 일본사상사를 배웠던 분들에겐 곧바로 상기될 문헌이 있지 않을까 합니다.

여기 이렇게 가지고 나온 이 책, 『국체의 본의国体の本義』라는 제목의 책이 그것입니다. 1937년, 곧 국체명징国体明徵운동 속에서 당시의 문부성이 출간했죠. 왜 그때 이 책이 나왔을까요? 1935년 헌법학자 미노베 다쓰키치를 둘러싸고 일어난 천황기관설[13] 사건을 수습하는 과정에서, 천황이 일본의 유일한 주권자이며 그 사실은 '천양무궁天壤無窮[영원토록 이어짐]의 국체'에 의해 역사적인 정통성正統性[Legitimacy(혹은 정당성)]을 갖는 것이고 그 점에 이견을 말하는 일은 불경죄에 해당한다는 생각을 침투시키기 위해 『국체의 본의』는 보급됐습니다. 천황이 국가 기관 중 하나라는 미노베의 천황기관설은 관료나 교원의 임용시험 등에서도 공인됐던 학설이었지만, 이후 그것은 삿된 학설로 매장되고, 대신에 일본의 국체에서는 아라히토가미現人神[인간의 모습으로 나타나는 신]로서의 천황이 주권자라는 점을 국민에게 철저

• •
13. 도쿄제대 잇키 기토쿠로가 도입한 19세기 초기 독일의 국가법인설을 이어받았던 미노베 천황기관설(天皇機關說)은, 비스마르크의 군권 확대를 저지·조절하는 이론으로서의 옐리네크 국가법인설에 기대어, 통치권/주권을 법인으로서의 국가에게 귀속시키고 천황을 그런 국가의 최고기관에 놓았으며 정당과 의회의 견제력을 증진시키고자 했던 헌법학설. 다이쇼 데모크라시 중기부터 쇼와 초기까지의 통설이었으며, 당대 미노베의 저서는 고등문관 수험서였고, 애초에 쇼와 천황 또한 그 학설을 당연한 것으로 여겼었다. 이 학설적–정치적 논쟁은 1910년대 도쿄제대의 두 헌법학 담당교수로서 충돌했던 미노베(『헌법 강화(講話)』, 1912)와 우에스키 신키치(『제국 헌법 술의(述義)』, 1915) 간의 대립으로 거슬러 올라갈 수 있다.

히 주지시키기 위한 것이 국체명징운동이었습니다. 같은 시기, 중일전쟁의 발단이었던 루거우차오廬溝橋 사건으로 국민은 전쟁의 진창 속으로 말려들어갔고, 식민지였던 조선반도나 대만에서는 국가총동원체제를 향한 '황민화' 운동이 추진되어 갔습니다. 이와 같이 일본제국의 본토內地와 외지에서 롤러로 땅을 고르듯 국민정신의 총동원이 외쳐졌던바, 1938년에는 국가총동원법이 제정됩니다. 전전戰前판 '일억 총 활약사회'가 중심목표로 설정됐던 것입니다.[14]

이와 같이 1935년부터 시작된 천황기관설 사건과 국체명징운동은 전전 일본 헌법 체제의 분기점이었습니다. 거기서 미노베 다쓰키치가 지향했던 세계의 헌법학과 보편적으로 연결하려는 헌법 해석은 압살되고 말았습니다. 이후 『국체의 본의』에 따라 천황주권 아래서의 일본은 마땅히 어떠해야 하는가라는, 고유성에 뿌리박은 국체의 문제가 절대적이며 유일한 것으로

• •

14. 제1차 고노에 내각에 의해 제73회 제국의회에 제출되고 제정된 '국가총동원법'은 행정권력의 '전시긴급조치권' 발동에 의한 노동관리, 물자·금융·자본의 통제, 카르텔 형성 및 관리, 가격관리, 언론·출판의 통제를 규정한 법률이다. 그 구체적 내용을 명시하지 않음으로써 법률의 해당사항을 무제한적으로 넓혔고, 그 사항들의 결정은 '국민징용령'을 위시한 칙령(勅令)에 위임되었다. 국가총동원법은 나치스 정권 하의 1933년 수권법(전권위임법)에 비교되기도 한다. 패전 이후 1945년 12월 공포된 '국가총동원법 및 전시긴급조치법 폐지 법률'에 근거해 1946년 4월 1일자로 폐지됐다.

되어갑니다. 그 '고유한 국체'에서 무엇보다 중시됐던 것이 바로 오늘날 자민당 개헌안의 전문에 기록되어 있는 '[조]화를 존중하고 가족이나 사회 전체가 서로 도와 국가를 형성한다'는 점이었습니다. 『국체의 본의』에는 무엇이 쓰여 있었던 걸까요?

우선 거기서 비난의 대상으로 도마에 올라 있는 것은 서양의 개인주의입니다. 왜냐하면 일본에 수입된 서양사상은 "역사적 고찰을 결여한 합리주의이고 실증주의"에 불과한 것이었고, "일면에서 개인의 지고한 가치를 인정하면서 개인의 자유와 평등을 주장함과 동시에 다른 일면에서는 국가나 민족을 초월한 추상적인 세계성을 존중하는 것"으로서 "거기에는 역사적 전체로부터 고립되고 추상화된, 개개의 독립된 인간과 그 집합만이 중시되고" 있기 때문이었습니다. 그리고 사회주의·무정부주의·공산주의 등의 "과격한 사상은 궁극적으로는 모두 서양 근대사상의 근저를 이루는 개인주의에 기초한 것이며 그 발현의 다양한 양상에 불과할 따름"이라고 규정하고, 위험사상은 모두 "서양의 개인본위의 사상"에 근거한 것으로서, 그 위험성을 일본인들은 간신히 인식해냄으로써 "국체에 관한 근본적 자각을 환기하기에 이르렀다"고 주장합니다.[15]

• •

15. 『國体の本義』, 文部省, 內閣印刷局, 1937, 3~5頁. 이 「서언」에 이어지는

자민당 개헌안의 근간에 있는 것은, 일본국 헌법에 의해 국민의 기본적 인권이 너무 과잉되게 중요시됨으로써 개인주의가 일본 사회에 발호하게 됐다는 인식이고, 그런 뜻에서 일본국 헌법 속에서의 "개인주의"는 "모든 악의 근원"으로 간주됩니다. 어떻게 그런 개인주의의 위험성을 제거하면 좋을지에 대해 『국체의 본의』는 다음과 같이 주장합니다. "우리나라에서 효孝는 지극히 귀중한 길이다. 효는 이에家를 지반으로 하여 발생하는데, 이를 크게 하면 나라로써 그 근저를 삼는다. 효는 직접적으로는 부모에 대한 것이지만, 그 위에서 천황을 두고 모시는 관계에 있어서는 충[성]忠 속에서 성립한다. 우리 국민 생활의 기본은 서양과 같이 개인도 아니고 부부도 아니다. 그것은 이에다. 이에의 생활은 부부형제와 같이 평면적 관계일 뿐만 아니라 부모자식 간의 입체적 관계가 그 근간을 이루는 것이다. 그런 부모자식 관계를 근본으로 하여 친족 간에 서로 기대고 서로 도와 하나의 단체가 되고, 가장 아래에서 혼연·융

• •

『국체의 본의』 목차는 다음과 같다. 제1장 대일본국체 1. 건국(肇國) 2. 성덕(聖德) 3. 신절(臣節) 4. 화(和)와 '마코토(まこと[진정])' / 제2장 국사(國史)에 있어 국체의 발현 1. 국사를 일관하는 정신 2. 국토와 국민생활 3. 국민성 4. 제사와 도덕 5. 국민문화 6. 정치·경제·군사 / 결어(국역본으로는 『일본 신민족주의 전환기에 『국체의 본의』를 읽다』, 형진의·임경화 옮김, 다카하시 데쓰야 해설, 어문학사, 2017). 이하 강연 속에서 논증되듯이 야마무로 신이치는 『국체의 본의』 1장 4절 '[조]화', '[조]화의 정신', '야마토(大和)'에서 자민당 개헌안 전문의 원천을 본다.

합한 것이 곧 우리나라의 이에다." 부모에 대한 효가 그 자체로 천황에 대한 충성에 직결되는, '충효일여忠孝一如'에 의한 애국심이 강조되고 있죠. 거기서는 일본의 기반이 '이에家'이고, 일본은 "천황을 종가宗家로 하는 일대一大 가족국가"로서 구성되고 있습니다.

거기서 가장 중시되는 것이 '[조]화和'입니다. 『국체의 본의』에는 「[조]화와 '마코토[진정(진심)]'」라는 장이 있는데, 거기서는 대화大和(야마토)라는 일본국의 존재방식과 '[조]화'의 관계가 다음과 같이 설파되고 있습니다. "우리나라의 [조]화는, 이성에서 출발하여 서로 독립된 평등한 개인의 기계적인 협조가 아니라, 전체 속에서 나눠진 부분으로 존재하고 그런 부분에 응하는 행동을 통해 능히 일체一體를 보존하는 바의 야마토를 통해 이뤄진다."[16] '서로 독립된 평등한 개인'이 일본국이라는 큰 조화大調和의 방해물로만 인식되고 있음을 알 수 있습니다.

이렇게 개인주의가 배척되고 '[조]화를 존중'하는 것을 중시하며 가족에 근거한 사회 전체의 상호부조를 강조하는 점에서, 『국체의 본의』와 자민당 개헌안은 80년이라는 시간이 지났음에도 사상적으로 직결됩니다. 물론 가족이나 사회 전체가 사이좋게 서로 돕는 일은 결코 나쁜 게 아니고 저 역시도 그러기를

• •

16. 각각 『國体の本義』, 43頁, 38頁, 51頁.

바라지만, 상호간의 이해라는 것이 결코 간단하거나 쉽지만은 않습니다. 가족이나 사회가 서로를 돕는 일이란 기본적으로 누구든 부정할 리가 없습니다만, 근대 입헌주의의 원리로 되돌 아가 생각해보면 거기에는 근본적인 문제가 있습니다. 법과 도덕의 준별이 그것입니다. 법률은 국민의 대표자에 의해 제정 된 것이고, 그 법률을 위반하면 벌칙이나 과태료 같은 페널티가 부과되는 데에 비해, 도덕은 어디까지나 개인이 스스로의 격률 에 따라 지켜야 하는 모럴리티이고 설사 공권력일지라도 개입 하지 않는 것이 원칙입니다. 일본국 헌법 이전 메이지 헌법 체제의 구축에 관여했던 법제관료 가운데 이노우에 고와시라 는 사람이 있습니다. 저의 연구 테마에서 중요한 인물 중 하나인 데, 그는 대일본제국 헌법만이 아니라 '교육칙어'[1890]의 초안 작성에도 관여했습니다. 그런데 '교육칙어'의 끝부분에는 '어 명어쇄御名御璽'라는 글자만 있을 뿐 대신들의 서명副署도 없습니 다. 왜냐하면 '교육칙어'는 어디까지나 도덕에 관계된 문제이 며, 그런 한에서 설령 주권자인 천황일지라도 권력자가 국민 개인의 내면에 개입하는 일은 근대적 입헌주의를 거스르는 것이라고 이노우에가 강하게 반대했었기 때문입니다.

그러므로 대일본제국 헌법과 교육칙어는 메이지 헌법 체제 를 지탱했던 두 바퀴 같은 것으로 이해되고 있지만, 그 기초자들 은 법과 도덕의 문제를 분명하게 나누어 개인의 내면에 간섭하는 일에 극히 금욕적이었던 것입니다. 그렇지만 전전·전중戰中에 학교 교육을 받은 분들은 이미 잘 알고 계시듯, 일단 교육칙어가 하사되면 법률 이상으로 신성시됐으며, 그것을 모시는 봉안전奉安殿에 불이라도 나면 그 학교 교장선생님이 자살하지 않으면 안 될 정도로 보이지 않는 강제력이 작용했었습니다. 「국기 및 국가에 관한 법률」[17]이 성립됐을 때, 그것은 결코 개인에게 강제되는 게 아니라고 설명되었지만, 이후 고등학교 졸업식에서 기립하여 노래하지 않았던 교사가 불이익 처분을 강요받았던 사태가 잇따랐습니다. 립싱크를 하고 있는 건 아닌지 쌍안경으로 감시한다는 말이 나올 정도의 심각한 상황도 문제가 되지 않았습니다. 문과대신이 세금으로 운영되는 국·공립대학 졸업식에서 국가를 제창하는 일을 당연하다고 발언한 이후 보이지 않는 압력은 계속 행사되고 있습니다. 이어 자민당 개헌안 제2조에서는 일본 국민이 "국기 및 국가를 존중하지 않으면 안 된다"고 규정하고, 나아가 제4조에서는 "원호元号"에 관한 규정이 더해져 있습니다.[18] 이미 법률이 존재하고 있음에도 '존중해야 할 의무'가 다시 규정됨으로써, 개헌안이 성립된다면 좋든 싫든 국가 제창이 강제되고, 따르지 않을 경우에는

17. 1999년 8월 13일 법률 제127호로 공포, 즉각 시행.
18. 개헌안 제4조, 곧 "원호"를 규정한 문장은 다음과 같다. "원호는 법률이 정한 바에 따라, 황위(皇位)의 계승이 있었을 때에 제정한다."

헌법 위반으로 추궁되는 일이 불가피하게 될 것입니다.

6. 개헌안이 지향하는 안전보장

다음으로 현행 헌법의 9조와 자민당 개헌안의 제2장 '안전보장'을 함께 읽어봅시다.

현행 헌법

제2장 전쟁의 포기放棄[버리고 돌보지 않음]

제9조

1 일본 국민은 정의와 질서를 기조로 하는 국제평화를 성실히 희구하며, 국권의 발동인 전쟁과 무력에 의한 위협 또는 무력의 행사는 국제분쟁을 해결하는 수단으로서는 영구히 포기한다.

2 앞항의 목적을 달성하기 위해 육해공군과 그 외의 전력은 보유하지 않는다. 나라의 교전권은 인정하지 않는다.

자민당 개헌 초안

제2장 안전보장

제9조 (평화주의)

1 일본 국민은 정의와 질서를 기조로 하는 국제평화를 성실히 희구하고, 국권의 발동으로서의 전쟁을 포기하며, 무력에 의한 위협 및 무력의 행사는 국제분쟁을 해결하는 **수단으로서는 사용하지 않는다.**

2 **앞항의 규정은 자위권의 발동을 방해하는 것이 아니다.**

자민당 개헌안 9조에는 '평화주의'라는 타이틀이 내걸려 있습니다. 현재의 일본국 헌법에는 제2장 '전쟁의 포기'라고 되어 있고 영역본에서는 'RENUNCIATION[포기/단념] OF WAR'로 되어 있지만, 본래의 일본국 헌법에는 각 장의 타이틀이 붙어 있지 않습니다. 그러니까 그것은 어디까지나 교과서나 육법전서를 만들 때 관습적으로 붙였던 것일 뿐입니다. 이와는 달리 자민당 개헌안에는 각 장과 각 조항에 타이틀이 붙어 있고, 9조에 '평화주의'라는 타이틀을 명확히 표시했음에도 과연 그 개헌 조항이 '평화주의'를 실제로 관철시키고 있는지가 문제입니다. 자민당의 설명으로는 현재의 헌법과 9조 1항이 자신들의 개헌안 속에서도 전혀 바뀌지 않았다고 합니다. 분명 '전쟁의 포기'와 '무력에 의한 위협 및 무력의 행사'는 '수단으로서는 사용하지 않는다'고 되어 있습니다. 현행 헌법에서는 '수단으로서는 이를 영구히 포기한다'로 되어 있지만, 그 문장과 자민당 개헌안의 '수단으로서는 사용하지 않는다'가 동일한 뜻이며 아무것도 바뀌지 않았다고 설명하는데, '국제분쟁을 해결하는 수단으로서는 사용하지 않는다'라는 한정 역시도 바뀌지 않았습니다. 이는 실제로는 대단히 이상야릇한데, 집단적 자위권自衛權이 논의되던 시절, 현재의 헌법 9조에 근거해서도 집단적 자위권을 행사하는 데에 헌법상 아무 문제될 게 없다는 주장이 있었기 때문입니다. 왜 그럴까요? 그것은 현행 9조 1항이 어디까지나 '일본 국민'이 '당사자로서', 단지 '국제분쟁을 해결하는 수단으로서는 포기한다'고 규정하고 있을 뿐이기 때문이라는 주장이었습니다. 집단적 자위권은 미국처럼 '외국이 당사자가 되는 국제분쟁'과 관련된 것이며, 그렇기에 그런 분쟁에 참가한다고 해서 특별히 9조 1항에 저촉되는 것은 아니라는 주장을 했었던 겁니다. '그렇다면 아무래도 저촉된다고 보는 건 무리겠죠'라는 식으로 논의가 진행됨으로써, 헌법 9조가 결코 집단적 자위권 그 자체를 부정한 것은 아니라는 헌법 '해석'으로 변경되어갔습니다.

그런 사정이 자민당 개헌안 9조 2항에서 '앞항의 규정은 자위권의 발동을 방해하는 것이 아니다'라고 새삼스레 명기되고 있는 것이죠. 거기서는 집단적 자위권이나 개별적 자위권의 구별은 없어지고 '자위권'이라고 인정되면 전쟁이나 무력에 의한 위협 혹은 무력의 직접적 행사까지도 '발동'되도록 했습니다. '자위권'이라고 간단히 말해지고 있지만, 과연 '자위권'

이란 무엇일까요? 자민당 「개헌 초안 Q&A」에도 국가는 자명한 이치로서 자위권을 갖는다고 되어 있는데, 그 자위권은 결코 자명한 이치라고 할 수 없을 터입니다. 곧잘 개인의 정당방위 권리와 국가의 자위권이 동일하다고 논의되곤 하는데, 역시 그것은 잘못된 등식입니다. 개인이란 실[재]존재実存在이지만, 국가라는 것은 실존재가 아니며 그것 자체는 의제擬制, 말하자면 픽션으로서의 법인法人이며 그 자체가 훼손되는 일 따위란 있을 수 없는 것입니다. 또 자위권이라는 개념 그 자체도 애초부터 있었던 것은 아닙니다. 1928년의 이른바 「부전不戰조약」에서 처음으로 자위전쟁이라는 개념이 등장하지만, 그것은 침략전쟁과 구별하기 위해서였습니다.[19] 왜 그것을 구별할 필요가 있느냐면, 그때까지 위법이지 않았던 전쟁이 「부전조약」에 의해 명확하게 위법이 되었기 때문입니다. 거기에 영국이나 미국이 자위권을 발동한 전쟁은 위법이 아니라는 유보 혹은 예외 단서를 붙였던 것이죠. 집단적 자위권이라는 개념도 「국제연합헌장」[1946]을 제정할 때에 처음 제출된 것이었고,[20] 그

* *

19. 일명 '켈로그-브리앙 조약'. 파리에서의 체결 이후 1936년까지 '국제연맹' 보다도 많은 63개국이 조약에 참가했음. 부전(不戰)이라는 대명제를 내걸었으되, 각국의 '자위권' 행사(곧 "자위를 위한 전쟁")를 보장했으며, 그것에 대한 실효적 제어 대책은 없었다. 그러함에도 국가의 고유한 권력 집행으로서의 '전쟁권(jus ad bellum)'에 대한 부정을 명시했다는 점에서 적지 않은 의의를 갖는다.

렇기에 그 개념을 국가가 자연권으로서 보유한다는 논의는 사실과는 충돌됩니다.

결국 현재의 헌법 9조 2항에 따른 '전력을 보유하지 않음'과 '교전권을 인정하지 않음'이라는, 일본국이 세계를 향해 앞장서서 마련했던 규정은 자민당의 개헌 초안에서는 말소되고 있습니다. 현재의 헌법 9조 1항에 해당하는 조항은 세계 각국의 헌법에 거의 공통적으로 설정되어 있지만, 그 2항이야말로 일본국 헌법의 특질로서 주목되고 있었던 것이므로, 자민당 개헌안을 따르면 일본은 몇 해 전부터 주장해왔던 '보통국가^{혹은 정상국가}'가 되는 것이죠. 개헌안에는 현행 헌법 9조 2항을 대신하여 새로이 '국방군' 항목이 설치되어 있는데, 내각 총리대신이 최고지휘관의 권한을 갖게 됩니다. 통째로 신설된 '9조의 2'를 읽어보겠습니다.

자민당 개헌 초안

제9조의 2 (국방군)

1 우리나라의 평화와 독립 및 나라와 국민의 안전을 확보하기

• •

20. 일명 '유엔헌장(UN Charter)'. 그 제7장 '평화에 대한 위협, 평화의 파괴 및 침략행위에 관한 조치' 51조는 다음과 같다: "이 헌장의 어떠한 규정도 국제연합 회원국에 대해 무력 공격이 발생한 경우, 안전보장이사회가 국제평화와 안전을 유지하기 위하여 필요한 조치를 취할 때까지는 개별적 또는 집단적 자위의 고유한 권리를 침해할 수 없다."

위해 내각 총리대신을 최고지휘관으로 하는 국방군을 보유한다.

2 국방군은 앞항의 규정에 의해 임무를 수행할 때, 법률이 정한 바에 따라 국회의 승인과 그 외의 통제에 복종한다.

3 국방군은 제1항에 규정된 임무를 수행하기 위한 활동 이외에, 법률이 정한 바에 따라 국제사회의 평화와 안전을 확보하기 위해 국제적으로 협조하여 행해지는 활동 및 공적 질서의 유지 또는 국민의 생명 및 자유를 지키기 위한 활동을 행할 수 있다.

4 앞의 2항에 규정된 것 이외에 국방군의 조직, 직무 및 기밀의 보호에 관한 사항은 법률로 정한다.

5 국방군에 속하는 군인과 그 외의 공무원이 그 직무의 실시에 수반되는 죄 또는 국방군의 기밀에 관한 죄를 범한 경우의 재판을 행하기 위해, 법률이 정한 바에 따라 국방군에 심판소를 둔다. 이 경우, 피고인이 재판소에 상고할 권리는 보장되어야 한다.

자민당의 이나다 도모미 정무조사회장2016년 8월 이후 1년간 방위대신, 강경 매파로 분류됨은 일본 입헌주의의 공동화空洞化를 탄식하는 발언을 하고 아베 수상도 그 발언에 동의를 표했는데, 자위대를 두고 헌법학자의 7할이 헌법 9조 2항을 위반한 것이라고 말하는 상태를 그대로 방치한다면 입헌주의의 공동화가 초래된다는 논리였죠. 예, 분명히 그렇습니다. 그러나 거듭 확인했듯이 헌법이라는 것은 위정자를 향해 조항들을 지키라고 결박하는 데에 존재의의가 있으므로, 헌법을 수호하지 못한 정부는 본래라면 책임을 지고 물러나지 않으면 안 될 것입니다. 그러나 자민당의 논리는 완전히 전도되어 있습니다. 자위대를 두고 헌법학자 7할(실은 7할보다 더 많지만)이 위헌이라고 말하고 있다는 점, 곧 자위대를 위헌적 존재로 보고 있기 때문이야말로 입헌주의의 공동화가 초래되고 있으니 한시라도 빨리 자위대를 합헌으로 만드는 헌법 개정을 통해 입헌주의를 지키자는 얘기인 겁니다. 보통의 논리적 사고를 하는 사람들이라면 그 도착적 태도에 머리가 어지러이 헷갈릴 정도입니다. 현상에 맞춰 헌법의 해석을 바꾸고 실태에 맞춰 헌법의 조항을 바꾸는 것이 과연 입헌주의의 공동화를 메울 수 있는 방식일까요? 자신의 키에 맞춰 침대를 잘라 다시 만드는 것이라면, 헌법은 이제 더 이상 입헌주의로서의 기능을 담당할 수 없게 될 터입니다. 이것이 오늘날까지 줄기차게 일어나고 있는 사태인 겁니다. 요컨대 헌법학자의 8-9할이 위헌이라고 말하고 있는 자위대를 헌법 개정을 통해 또렷하게 '국방군'으로 명기함으로써 입헌주의가 파괴되지 않고 수호될 수 있게 됐다고 정당화하는 것입니다. 그리되어도 좋은지 아닌지를 결정하는 것, 오늘 그 결정은 주권자인 국민의 책무가 되고 있습니다.

　그런데 여기서 좀 더 염려되는 것은 개헌안 '9조의 2'의 제2항입니다. 국방군은 임무를 수행할 때 '법률이 정한 바에 따라 국회의 승인과 그 외의 통제에 복종한다'라고 되어 있죠. '그 외의 통제'라는 것은 대체 무엇을 가리키는 걸까요? 아마도 미국이 아닐는지요? 실제로 군사행동을 일으키게 된다면 당연히 미국의 통제가 가해지겠죠. 가나가와현 자마시와 사가미하라시에는 '리틀 펜타곤'으로 불리는 캠프 자마, 즉 '재일 미육군사령부'가 설치되어 있고, 군사정보도 미군에게서 얻고, 이를 바탕으로 행동하지 않을 수 없게 되어 있으므로, 국방군은 미군과 일체화하여 미군의 지휘관 아래에서 움직이게 될 겁니다. '그 외의 통제'라는 것은 미군의 통제라는 뜻이지요.

　나아가 문제인 것은 예의 저 '법률이 정한 바에 따라'라는 규정입니다. 국방군의 임무 수행이라는, 국민의 생명이나 재산에 무엇보다 깊이 관계된 사태의 발동 요건이 법률에 의해 결정되는 겁니다. 거듭 말했듯이 법률은 과반수로 정하는 것이고, 「특정비밀 보호법」에 의해 군사기밀에 관련된 정보는 거의 밝혀지지 않은 상태로 결정될 수도 있습니다. 그런 중요한 문제를 법률에 위임하는 것에는 큰 위험이 수반됩니다. 본래라면 군사행동에 관해서는 무엇이 가능하고 무엇이 불가능한지, 가능한 한에서 엄밀히 규정해 놓아야 하지만, 개헌안 '9조의

2'의 제4항에서는 '통제 및 기밀의 보호에 관한 사항은 법률로 정한다'고 되어 있어 그 자체가 블랙박스화 되어갈 것이라는 점이 눈에 선합니다.

개헌안 '9조의 2'의 제5항에서 문제가 되는 것은 '국방군에 심판소를 둔다'라는 규정입니다. 이 또한 국방군을 만든다면 반드시 발생하는 문제입니다. 군대가 만들어진 이상, '심판소' 곧 '군법회의' 없이 군대는 움직이지 않기 때문이죠. 국방군 소속의 군인들은 살상행위를 명령받을 것이므로 그 명령에 따르지 않을 때는 처벌함으로써 통제를 도모할 필요가 있고, 함부로 총기를 사용해 살상한다면 살인죄로 심문받게 될 것입니다. 물론 법령에 따른 군사행동이라면 상대방의 군인을 죽여도 살인죄로 심문을 받지 않죠. 그러나 비대칭 전력의 시대 속에서 전쟁은 일반인과 동일한 복장을 한 테러리스트와의 싸움이 될 때도 있으므로 일반 시민을 죽이고 말 가능성 역시도 높아지며, 그 판단을 잘못한다면 살인죄로 심문받을 수도 있습니다. 그런 여러 사태를 상정한다면 군사형법을 사전에 신중히 정비해 놓을 필요가 있으며, 그러할지라도 상정한 것들 이외의 사태가 반드시 일어나죠. 이를 생각한다면 국방군이 군사행동을 일으키는 이상, 당연히 '군법회의'를 만들 수밖에 없게 됩니다. 곧 '심판소'가 설치되는 것이죠. 이는 현행 헌법 제76조와 대치됩니다.

현행 헌법

제76조

1 모든 사법권은 최고재판소 및 법률이 정한 바에 따라 설치한 하급재판소에 속한다.

2 특별재판소는 설치할 수 없다. 행정기관은 종심終審으로서 재판을 행할 수 없다.

3 모든 재판관은 그의 양심에 따라 독립하여 그 직무를 행하고, 이 헌법 및 법률에만 구속된다.

일본국 헌법에서는 이 76조에 근거해 특별재판소의 설치를 인정하고 있지 않습니다. 그러므로 헌법재판소도 만들어지지 않은 겁니다. 자민당 개헌안에서 국방군 내부에 설치되는 심판소라는 이름의 군법회의는 재판 기능을 전제로 하기 때문에 '재판소에 상고할 권리'를 인정하는 것이고, 그렇기에 분명히 특별재판소에 해당됩니다. 그러나 개헌안에서 국방군 내부의 심판소는 일종의 행정기관으로 상정되고 있기 때문인지 현행 헌법 76조에 관해서는 아무런 변경을 가하지 않고 있습니다[그렇기에 개헌안의 헌법 구성은 자기모순을 안고 있음]. 그리고 국방군 내부의 심판소에 회부되는 것은 군인만이 아니라 '그 외의 공무원'도 해당되며, 국방군의 비밀 보호 문제는 단순히 공무원 개인만이 아니라 정보를 누설했거나 그런 누설에 관여했다고 간주되는 가족이나 지인 등도 당연히 처벌받는 것으로 상정되어 있습니다. 그 위에 더해지고 있는 것이 개헌안 '9조의 3'입니다.

자민당 개헌 초안

제9조의 3 (영토 등의 보전)

나라는 주권과 독립을 지키기 위해 국민과 협력하여 영토, 영해 및 영공을 보전하고 그 자원을 확보하지 않으면 안 된다.

'영토 등의 보전'이라는 타이틀로 된 '9조의 3'이 더해져, '국민과 협력하여 영토, 영해 및 영공을 보전'하는 것, 그리고 '그 자원을 확보하지 않으면 안 된다'는 등 국가의 책무가 기록되어 있습니다. 이는 개헌안 전문에서 '일본 국민은 국토와 자연을 긍지와 기개를 가지고 스스로 지키며'라는 부분과 호응하는 것이지만, 실제로 군사행동이 일어났을 때라면 어떻게 국민이 국방군과 함께 영토·영해·영공을 보전할 것이며 어떻게 자원을 확보할 수 있을까요? 아마도 군사행동에 직접 관계되지 않는 물자의 운반이나 공급이 요청될 것이고, 이와 관련해서는 과거의 전쟁에 비춰볼 때 강제적으로 징발되어 아무런 보장을 받지 못하게 될 것입니다. 나라에 협력하지 않는다고 간주된 때에는 어떤 벌칙이 내려질까요? 아마도 법령이 정한 바에 따라 임의적으로 간주되고 처벌될 터입니다.

7. 기본적 인권과 그 제한의 근거를 둘러싸고

다음으로 일본국 헌법과 개헌안 '제3장'의 세 조항을 비교하며 읽어가기로 하죠.

현행 헌법

제3장 국민의 권리 및 의무

제11조

공무원은 모든 기본적 인권의 향유를 방해할 수 없다. 이 헌법이 국민에게 보장하는 기본적 인권은 침해될 수 없는 영구적인 권리로서, 현재 및 장래의 국민에게 주어진다.

제12조

이 헌법이 국민에게 보장하는 자유 및 권리는 국민의 부단한 노력에 의해 이를 보유하지 않으면 안 된다. 또 국민은 이를 남용해서는 안 되는 것으로 언제나 공공의 복지를 위해 이를 이용할 책임을 진다.

제13조

모든 국민은 개인으로서 존중된다. 생명, 자유 및 행복 추구에 대한 국민의 권리에 있어서는 공공의 복지에 반하지 않는 한, 입법 및 그 외의 국정 상에서 최대의 존중을 필요로 한다.

자민당 개헌 초안

제3장 국민의 권리 및 의무

제11조 (기본적 인권의 향유)

국민은 모든 기본적 인권을 향유한다. 이 헌법이 국민에게 보장하는 기본적 인권은 침해될 수 없는 영구적인 권리이다.

제12조 (국민의 책무)

이 헌법이 국민에게 보장하는 자유 및 권리는 국민의 부단한 노력에 의해 보유하지 않으면 안 된다. 국민은 이를 남용해서는 안 되며, **자유 및 권리에는 책임 및 의무가 뒤따르는 것임을 자각하여** 언제나 **공익 및 공적 질서에 반해서는 안 된다**.

제13조 (사람으로서의 존중 등)

모든 국민은 **사람**으로서 존중된다. 생명, 자유 및 행복 추구에 대한 국민의 권리에 있어서는 **공익 및 공적 질서에** 반하지 않는 한, 입법 및 그 외의 국정 상에서 최대한으로 존중되지 않으면 안 된다.

자민당 개헌안 11조에는 현재의 일본국 헌법과 마찬가지로 '침해될 수 없는 영구적인 권리'로서 '국민은 모든 기본적 인권을 향유한다'고 되어 있지만, 현행 헌법이 그 권리를 두고 '현재 및 장래의 국민에게 주어진다'라고 규정하고 있는 것과는 다르게 규정하고 있습니다. 개헌안 12조의 타이틀은 '국민의 책무'로 되어 있죠. 즉, 권리를 보장하는 방향보다는 어떻게 책임과 의무를 다할 것인가로 중점의 위치가 변경되어 있습니다. 거기에 개헌안이 노리는 주요 핵심이 있죠. 이와 관련하여 사쿠라이 요시코'아름다운 일본의 헌법을 만드는 국민모임' 공동대표 씨 등의 개헌파 사람들이 일본국 헌법에 대해 반드시 지탄하는 지점이 있습니다. "일본국 헌법에는 의무가 너무 적게 규정되어 있어 납세나 노동, 자녀 교육 이외의 의무는 없다"는 주장이 그것입니다. "그 세 가지 의무 이외에 다른 의무 규정이 없기 때문에 일본이 방종한 자유에 근거한 이기주의자들만의 국가가 되고 있다"고 비난하죠. 아마도 소학교 이래 3대 의무라고 배워왔던 기억이 크게 영향을 미치고 있는지도 모르겠네요. 그러나 국민에게 요청되고 있는 것은 진정으로 그 세 가지 의무밖에 없는 것일까요?

좀 전에 말씀드린 것과 같이 헌법은 체계로서 보아야 합니다.

거기서 중요한 것은 11조와 12조가 하나의 세트를 이루고 있다는 점입니다. 그리고 현재의 헌법 12조를 보시면 알 수 있듯, 국민은 '언제나 공공의 복지를 위해 이를 이용'할 책임을 져야 하는 것이기에, 책임이 걸리는 지점이 자민당 개헌안과는 다릅니다. 그러므로 책임과 의무는 위의 세 가지에만 해당되는 게 아니라, 제3장의 권리행사 그 자체에 걸려 있는 것이 됩니다. 즉, 권리와 의무의 규정은 국민의 기본권이 '침해될 수 없는 영구적인 권리'임을 권력자가 인정하도록 만드는 입헌주의적 요소이며, 그런 영구적 권리를 반드시 보장하도록 권력이 행사될 것을 요청함과 동시에 국민 자신에게도 스스로의 것으로 보장된 권리를 행사하기 위해 책무를 져야 한다는 점을 명시하고 있는 것이죠.

다른 한편, 자민당 개헌안은 '자유 및 권리에는 책임 및 의무가 뒤따르는 것임을 자각'할 것을 강조하고 있고, '공공의 복지'가 애매하다고 하여 '공익 및 공적 질서에 반해서는 안 된다'는 규정 요건으로 수정을 가하고 있습니다. 문제는 그렇게 함으로써 '공익 및 공적 질서'가 '공공의 복지'보다도 명백한 규제 원리가 될 수 있을 것인가, 라는 점입니다. 일본의 근현대사를 공부하면서 통감하게 되는 것은, 일본 사회에서는 '공公'이라는 것이 본디 '오오야케ぉぉゃけ[公]=큰집大宅'으로서 조정朝廷을 가리켰고 막부가 '공의公儀[공적인 의식]'라고 칭해졌던 것처

럼, 공=권력자=관官으로 동일시되어 왔다는 점, 현재에도 '공익'이나 '공적 질서'가 무엇인지를 결정하는 것은 국민이 아니라 권력자라는 통념에 지배되고 있다는 점입니다. 실제로 개헌안이 실시된다면, '공익'이나 '공적 질서'에 반하는가 아닌가를 제일의적으로第一義的[유일하게] 결정하는 힘은 행정권력이 될 것입니다.

이어 개헌안에서 문제시되는 것은 제13조의 '모든 국민은 사람으로서 존중된다'는 규정입니다. 이는 현행 헌법에서 '모든 국민은 개인個人으로서 존중된다'라는 규정과는 글자 하나 차이지만 그것이 뜻하는 바는 완전히 다릅니다. 사람 일반으로서 권리를 갖는 게 아닙니다. 현행 헌법의 그 조문이 중요한 이유는 '개인으로서의 존중'이라는 것이 '생명, 자유 및 행복 추구에 대한 국민의 권리'와 밀접하게 이어져 있다는 인식에서 있기 때문입니다. 현행 헌법 13조에서 인권은 '행복추구권'으로 불리고 있지만, 이는 개인에 따라 행복의 의미가 달라지는 것을 전제로 하고 있음을 뜻합니다. 권력자가 '사람'으로서의 행복이란 이러저러한 것이다, 라고 외재적으로 규정하는 게 아니며, 그렇게 규정하는 것이 불가능하기에 더더욱 '개인'으로서 존중될 필요가 있는 겁니다. 게다가 현행 헌법의 문장, 곧 '최대의 존중을 필요로 한다'가 개헌안에서는 '최대한으로 존중되지 않으면 안 된다'로 고쳐져 있습니다. 이것도 '최대'와

'최대한'이라는 한 글자 차이지만, 헌법에서는 문맥의 조리에 대한 해석에서 크게 달라질 수 있습니다. '최대한으로 존중되지 않으면 안 된다'는 것은 '최대한으로 했습니다'라고 말하면 그저 그 말로 마무리되는 것이고, 나아가 애초부터 자유에 한도를 설정할 수도 있습니다. 다른 한편으로는 현행 헌법에서 말해지는 '최대의 존중'이라는 것 역시도 진정으로 최대의 존중을 행해지고 있는지를 논증할 필요가 있습니다. 물론 '최대'의 범위도 변동되는 겁니다. 오늘 말씀드리는 중요한 점은 왜 그러한 개정이 행해졌는지에 대해 좀 더 주의를 기울일 필요가 있다는 점입니다.

개헌안의 제3장에 관해서는 아직 논해야 할 부분이 많지만, 애초에 '국민의 권리'라는 것이 자민당 개헌 초안을 작성했던 위원들에게 어떻게 포착되고 있었는지를 파악해 놓을 필요가 있을 듯합니다. 기초위원회의 간사였던 참의원 의원은 2012년 7월 27일자 TV 방송에서 다음과 같이 말했습니다. "애초에 국민에게 주권이 있다는 것 자체가 비정상적입니다." 또 지금 마스조에 요이치[국제정치학자·정치개]의 전 부인으로도 잘 알려진 가타야마 사츠키 참의원 의원은 "하늘로부터 권리만 부여받고 의무는 부여받지 않아도 된다는 식의 천부인권론을 멈추게 하는 것이 저희들의 기본적인 입장입니다'라는 발언을 반복하고 있습니다. 또 「개헌안 Q&A」 속에도 "현행 헌법의 규정

속에는 서유럽의 천부인권설에 근거해 있다고 생각되는 것들이 널리 발견되기 때문에, 그러한 규정은 고칠 필요가 있다고 생각합니다'라고 명기되어 있죠.

그런 천부인권설이 일본의 전통에 역행하는 것이거나 허망한 가설에 지나지 않는다고 말하는 논의는 메이지 10년에 전개된 천부인권 논쟁에서 초대 도쿄제대 총장이었던 가토 히로유키 등이 전개했었습니다. 그러나 이 문제는 아마 많은 분들이 헌법이나 역사 수업을 통해 배웠듯이, 대일본제국 헌법을 심의했던 추밀원 회의에서 모리 아리노리와 이토 히로부미 사이에서 논의되었던 것이기도 합니다. 모리 아리노리는 미국에 유학했고 귀국 후에 메이로쿠샤明六社를 설립했으며 문부대신이 됐던 인물인데, 그는 대일본제국 헌법에 "신민臣民의 권리 의무"를 써넣는 것에 반대했습니다. 이에 대해 이토 히로부미는 이렇게 반론합니다. "모리 씨의 의견은 헌법학 및 국가학에 퇴거를 명하는 것이라고 해야 한다. 본디 헌법을 창설하는 정신이란, 첫째는 군권君權을 제한하고 둘째는 신민의 권리를 확보하는 것에 있다. 그런 까닭에 혹여 헌법에 신민의 권리權理[권한의이치]를 예시하지 않고 단지 책임만을 기재한다면 헌법이라는 것을 창설할 필요가 없다."[21] 앞서 지적했듯, 이토는 인권

• •

21. 이 문장이 인용되어 있고, 관련하여 참고할 수 있는 것으로는 다음의

보장과 권력 제한을 명기하지 않을 때 입헌주의는 헌법의 입각점일 수 없다는 이해를 보여주고 있습니다.

이에 대해 모리 아리노리는 "왜 굳이 헌법에 국민의 권리權利를 새로 써넣을 필요가 있는가"라고 반론합니다. 모리의 주장은 다음과 같습니다. "신민의 재산 및 언론의 자유는 인민이 천연天然적으로 소유하고 있는 것이므로 법률의 범위 속에서 그것을 보호하고 또 제한하기도 하는 것이다. 그런 까닭에 헌법에 써넣음으로써 그런 권리權理가 비로소 생겨난다는 식으로 주장하는 것은 가능하지 않다." 즉, 헌법에 인권 조항을 써넣기 전에 이미 인권은 만들어져 있었다는 말이고, 헌법에 써넣음으로써 인권이 비로소 만들어졌다는 식의 이해는 틀렸다는 말입니다. 대일본제국 헌법에서 인권은 결국 '법률의 범위 내'에서만 인정됐기에 우리들은 그것을 '표현적 입헌주의'라고 배웠지만, 입헌주의에 대해 메이지의 정치가들만큼도 이해하지 못하는 의원들에 의해 개헌안이 작성된 일에는 서글픔을 느끼지 않을 수 없습니다. 전후戰後란 헌법이라는 것을 너무도 소홀히 대했던 시대가 아니었을까, 후회를 금할 수 없습니다.

• •
저작이 있음. 稻田正次, 『明治憲法成立史』(上), 有斐閣, 1960. 본문의 인용문 출처는 「樞密院憲法制定會議議事錄抄」이고, 629쪽에 있음.

8. '긴급사태' 조항을 둘러싸고

헌법 개정이 발의될 수 있는 조건들이 갖추어진다면, 과연 어느 조항부터 먼저 개정의 대상이 될까요? 현행 헌법 96조가 개정된다면 일거에 개정의 허들[문턱]이 낮아지겠지만, 저항이 거대했던 기억이 선명한 만큼 집권층이 곧바로 그렇게 하기는 어렵겠죠.

현행 헌법

제96조

1 이 헌법의 개정은 각 의원議院 전체 의원수 3분의 2 이상의 찬성으로, 국회가 이를 발의하고, 국민에게 제안하여 그 승인을 거치지 않으면 안 된다. 이 승인에는 특별국민투표 또는 국회가 정한 선거 때에 행해진 투표에서 그 과반수의 찬성을 필요로 한다.

2 헌법 개정에 관하여 앞항의 승인을 거쳤을 때는, 천황은, 국민의 이름으로, 이 헌법과 일체를 이루는 것으로서 즉각 이를 공포한다.

그렇기에 동일본 대지진 재해나 구마모토·오이타 대지진 재해를 계기로, 긴급사태 조항에 해당된다면 국민의 합의를 얻어내기 쉬울 터이니 '시험 삼아 개헌'을 행하면서 저항감을 점차 없애가자고, 그렇게 사람들에게 '개헌 버릇改憲くせ'이 들게 하면 좋으리라고 말하는 개헌 일정표까지도 상정되고 있는 듯합니다.

이는 자민당 개헌안 제9장 '긴급사태' 조항의 98조 및 99조로 규정되고 있습니다. 그 인정 요건은 내각 총리대신이 "외부로부터의 무력 공격, 내란 등에 의한 사회질서의 혼란, 지진 등에 의한 대규모 자연재해, 그 외의 법률이 정하는 긴급사태에서, 특히 필요가 인정될 때는 법률이 정하는 바에 따라, 각료회의에 올려 긴급사태의 선언을 발할 수 있다"고 되어 있습니다. 여기서도 '그 외의 법률이 정하는'이라는 문장이 뜻하듯이 어떤 사태가 포함되는지가 애매하게 설정되어 있지만, 현시점에서는 '지진 등 대규모 자연재해'를 전면에 내세워 국민의 합의를 얻으려는 듯합니다. 그러나 이 조항의 요점은 '외부로부터의 무력 공격'에 대처하는 데에 있을 터입니다. 그것은 긴급사태 조항이 개정안 제2장 '안전보장'과 표리일체임을 뜻합니다. 좀 더 솔직히 말한다면, 국방군에 의한 임무 수행과 긴급사태란 동시에 발동되는 상호불가결한 조항이며, '외부로부터의 무력 공격'에 대처하는 긴급사태란 다름 아닌 계엄령을 뜻합니다.

자민당 개헌 초안

제98조 (긴급사태의 선언)

1 내각 총리대신은 우리나라에 대한 외부로부터의 무력 공격, 내란 등에 의한 사회질서의 혼란, 지진 등에 의한 대규모 자연재해, 그 외의 법률이 정하는 긴급사태에서, 특히 필요가 인정될 때는 법률이 정하는 바에 따라, 각료회의에 올려 긴급사태의 선언을 발할 수 있다.

2 긴급사태의 선언은, 법률이 정하는 바에 따라, 사전에 또는 사후에 국회의 승인을 얻지 않으면 안 된다.

3 내각 총리대신은 앞항의 경우에 있어 불승인 의결이 있었을 때, 국회가 긴급사태의 선언을 해제해야만 한다는 취지를 의결했을 때, 또는 사태의 추이에 따라 해당 선언을 계속할 필요가 없다고 인정될 때는, 법률이 정하는 바에 따라, 각료회의에 올려 해당 선언을 신속히 해제하지 않으면 안 된다. 또 100일을 넘어 긴급사태의 선언을 계속하고자 할 때는 100일을 넘길 때마다 사전에 국회의 승인을 얻지 않으면 안 된다.

제99조 (긴급사태 선언의 효과)

1 긴급사태의 선언이 발해졌을 때는, 법률이 정하는 바에 따라, 내각은 법률과 동일한 효력을 가진 정령政令을 제정할 수 있고, 내각 총리대신은 재정상 필요한 지출 및 그 외의 처분處分을 행하며, 지방자치체의 장에 대해 필요한 지시를 할 수 있다.

2 앞항의 정령 제정 및 처분에 관해서는, 법률이 정하는 바에 따라, 사후에 국회의 승인을 얻지 않으면 안 된다.

3 긴급사태의 선언이 발해졌을 경우에는, 법률이 정하는 바에 따라, 누구도 해당 선언에 관계된 사태에서 국민의 생명, 신체 및 재산을 지키기 위해 행해지는 조치措置에 관련하여 발해지는 국가 및 그 외의 공적인 기관의 지시에 따르지 않으면 안 된다. 이 경우에서도 제14조, 제18조, 제19조, 제21조 및 그 외의 기본적 인권에 관한 규정은 최대한으로 존중되지 않으면 안 된다.

4 긴급사태의 선언이 발해졌을 경우에 있어, 법률이 정하는 바에 따라, 그 선언이 효력을 갖는 기간 동안 중의원은 해산되지 않는 것으로 하고 양 의원[중의원과참의원]의 의원 임기 및 선거 기일의 특례를 설정할 수 있다.

무엇보다도 주의해야 할 것은 긴급사태 조항에 의해 보호되어야 할 법익으로 설정되어 있는 것이 그 기본에 있어 '국가'이며 그렇기에 국가 긴급사태 조항이지 '국민' 보호 조항이 아니라는 점입니다. 아니, 거듭 반복하여 확인해 놓고 싶은 것인데, 내각 총리대신이 긴급사태를 선언한 경우, 3권 분립과 인권보장과 지방자치가 정지된다는 사실입니다. 긴급사태의 정의定義는 평상시의 기구로는 컨트롤이 불가능하게 된 때에 발동되는 것이므로, 긴급사태란 다름 아닌 헌법 정지 상태가 되는 것입니다.

그 점을 인식하면서 개헌안의 조항을 살펴보면, 매우 알기 쉬운 특징이 있음을 발견하게 됩니다. 98조 1항부터 3항까지도 '법률이 정하는 바에 따라'라는 문구가 있고, 99조에는 1항부터 4항까지의 모든 조항에 '법률이 정하는 바에 따라' 발동하는 것으로 되어 있습니다. 거꾸로 말하면 인권의 제한이나 권리행사의 정지, 지방자치의 제한이나 중의원 의원의 임기 변경 같은 주요 사항들이 모두 법률이 정한 바에 따라 결정되리라는 뜻입니다. 법률에 의해 헌법으로 보장되는 기본적 인권이나 지방자치가 변경될 수 있다는 겁니다.

이와 같은 긴급칙령이나 계엄령 등의 조항은 대일본제국 헌법에서도 긴급칙령 8조, 계엄령 14조, 그리고 비상대권 31조와 긴급재정처분 70조 등에서 규정되고 있던 것입니다. 그렇기 때문에 일본국 헌법을 심의할 때도 긴급칙령이나 긴급사태 조항 등의 취급이 문제가 되었습니다. 그리고 이 조항이 국가권력 남용의 구실로 이용된다는 인식이 공유되어 일본국 헌법에서는 채용하지 않게 됐던 것이죠. 긴급칙령이란, 자민당 개헌안 99조에 규정되어 있듯 내각 총리대신이 입법부의 권한인 입법권을 박탈하고 '법률과 동일한 효력을 갖는 행정명령을 제정할 수 있는 것'으로, 긴급사태가 선언되면 내각 총리대신에게 모든 권력을 일원적으로 집중시키게 됩니다. 단, 대일본제국 헌법 속의 긴급칙령은 그것을 의회가 승낙하지 않은 경우 장래에 그 효력을 잃는다고 규정되어 있었습니다.

그런데 자민당 개헌안에는 '사후에 국회의 승인을 얻지 않으면 안 된다'고 규정함으로써, 대일본제국 헌법에도 규정되어 있던 승인을 획득하지 못할 경우에 관한 처리 규정이 설정되어 있지 않습니다. 그렇기 때문에 일단 정령政令을 제정하면 그것을 어떻게 폐안廢案시킬 수 있는지 전혀 알 수 없게 되어 있는 것이죠. 재정처분 또한 마찬가지입니다. 긴급사태 선언의 기간도 제한이 없습니다. '100일을 넘길 때마다 사전에 국회의 승인을 얻지 않으면 안 된다'고 쓰여 있기는 하지만, 그 100일의 기한을 언제까지고 연장시키는 것 또한 가능하게 되어 있습니다. 실제로 시행하기에는 몹시 결함이 많은 조항인 겁니다.

다음으로는, 개헌안에서 창설된 긴급사태 조항이 왜 '법률이 정하는 바에 따라'라고 규정하고 있는지의 문제인데, 그 이유는 실제로 긴급사태에서 일어날 사태를 상정하여 제정된 법령이 거의 준비되거나 정비되어 있지 않기 때문입니다. 그러므로 개정안에 일단 목록화해 놓았음에도 '법률이 정하는 바에 따라'라고 강조함으로써 긴급사태 조항 그 자체의 임의성을 설정할 필요가 있었음을 알 수 있습니다. 예컨대 정부는 왜 동일본 대지진 재해나 구마모토·오이타 대지진 재해 때에 대응할 수 없었을까요? 지방자치체에 무엇이 가능하고 무엇이 불가능한지와 관련된 권한을 미연에 전부 파악하지 못하고 있었기 때문입니다. 지진 후의 쓰나미 발생이나 원자력 발전소의 폭발 등이 '예상 외'의 것이었기 때문이기도 합니다. 재해 대책 전문가들이 지적한 것은 '사전에 준비되어 있지 않으면 대응이 불가능하다'는 점이었습니다. 실제로 대규모 자연재해가 도호쿠나 규슈에서 일어났을 때 내각 총리대신이 그 실태조차 알지 못한 채로 피해 지역 시·군·구에 명령이나 지시를 내리는 긴급사태 조항이 제대로 기능할 수 있겠는지요? 내각 총리대신에게 권한을 집중시켜 그 지시명령으로 시·군·구가 움직이게 하려면, 피해 지역에서는 중앙의 지시명령을 기다리지 않을 수 없게 되고 오히려 즉각적인 대응이 불가능하게 되며 혼란만 증폭할 뿐입니다. 따라서 진정으로 대규모 자연재해에 대응하고자 한다면, 긴급사태 조항의 창설에 시간과 노력을 낭비하기 전에 이미 많은 법령이 준비되어 있는 상태에서 준비가 부족한 게 무엇인지를 총체적으로 점검하고, 그에 따라 주민과 지방자치체 나름으로 철저히 그런 상태를 개선해 나가는 방향에 맞춰 우선적으로 해결되어야 할 사안을 결정해야 할 것입니다.

다음으로, 이 긴급사태 조항에서 제가 가장 염려하고 있는 것은 「자민당 개헌 초안 Q&A」에 무엇이 쓰여 있는가라는 점입니다. 우선 "긴급사태에서도 기본적 인권을 최대한 존중한다는 것은 당연한 일"이라고 쓰여 있습니다. 그러나 이어지는 부분에는 "국민의 생명, 신체 및 재산이라는 큰 인권을 지키기 위해서는 필요한 범위에서 상대적으로 작은 인권이 부득이하게 제한되는 일도 있을 수 있다"라는 한정이 따라붙고 있습니다. '큰 인권'과 '작은 인권' 간의 차이란 무엇일까요? 큰 인권과 작은 인권의 구별에 관하여 누가 긴급사태의 한복판에서 즉각적으로 판결을 내리며 누가 그런 판결에 사람들을 복종시키는지요?

추측컨대 거기서는 '공익'이나 '공적인 질서'의 유지와 마찬가지로 집행권자가 병자나 고령자같이 스스로의 힘으로는 피난할 수 없는 약자나 권리를 주장할 수 없는 사람들의 권리를 작은 권리로 무시해도 좋다고 규정되고 있는 게 아닐까요? 혹은 재산권 같은 권리를 큰 권리로 설정하고 긴급사태 속에서 사상·표현과 같은 자유권은 작은 권리로서 압살해도 좋다고 간주되고 있는 것인지도 모르겠습니다.

본래 인권에 큰 권리와 작은 권리의 구별 따위란 있을 수 없습니다. 그러나 긴급사태 속에서 인권의 크고 작음을 구별하여 집행권을 최우선으로 설정하기 위한 근거로 삼으려는 점에 긴급사태 조항의 진정한 목적이 있지 않을까 합니다. 재해를 당한 이들을 응대해왔던 각지의 변호사 모임이 긴급사태 조항을 불필요하고도 위험한 규정이라고 반대하는 점도 재해 지역의 실태에 입각해 있는 것입니다. 또 <마이니치신문>의 여론조사에서는 '긴급사태 조항'을 둘러싸고 동일본 대지진의 피해를 입은 이와테, 미야기, 후쿠시마 3개 현의 42개 자치체의 초동 대응에 관해 물었던바, 회답했던 37개 자치체 중 '조항이 필요하다고 느꼈다'는 회답은 1개 자치체에 머물고 있습니다. 대응이 때를 놓치게 되는 것은 기반 자치체의 구성원 소멸과 같은 탈脫지방 현상으로 인해 지역 자체에서의 대응능력이 약화된 점에도 문제가 있었다고 하겠습니다.

필요한 것은 재해에 대비하여 어떻게 준비를 가다듬을 것인가에 있습니다. 긴급사태 조항을 만들면 무엇이든 가능하리라고 생각한다면 큰 잘못을 범하는 게 될 것입니다. 달리 말해 긴급사태 조항만 있다면 자신의 목숨이 안전하게 구제받거나 위난으로부터 벗어나게 되리라는 생각 자체가, 긴급사태 조항을 만능으로 상정하고서는 '예상 외'라는 저 통상적인 말투 속으로 도망쳐 들어가는 최상의 핑계가 되어버리는 게 아닐는지요? 긴요한 것은 그런 '예상 외'의 상태를 이 잡듯 샅샅이 뒤지며 나가는 일이며, 그것이 대규모 자연재해 등에 대응하는 행정의 모습이어야 할 것입니다. 내각 총리대신에게 권한 일체를 부여하면 뭔가 제대로 되어 가리라는 생각은 천박하다고 밖에는 할 수 없을 것입니다.

끝내며: 남겨진 논점들

마칠 시간이 온 듯합니다. 남겨진 몇몇 논점들을 언급하고 마쳤으면 합니다.

먼저 말씀드릴 논점 중 하나는, 자민당 개헌안 9조의 국방군, 98·99조의 긴급사태를 밑바닥에서 관통하고 있는 '내각 총리대신으로의 권력 집중'이라는 벡터입니다. 내각에서 총리대신이 갖는 권한의 강화는 개헌안 72조를 통해 규정되며, 신설된 54조에서는 구체적으로 "중의원의 해산은 내각 총리대신이 결정한다"라는 규정이 만들어져 있습니다. 매스컴은 입장에 따라 중의원 해산과 관련하여 전가의 보도라고 비판하거나 수상의 전권專權 사항이라고 옹호하지만, 일단 중의원 해산 규정은 현행 헌법 어디에도 규정되어 있지 않습니다. 현재까지는 제1장[천황] 7조의 천황의 국사행위國事行爲에 의한 해산과

제5장내각 69조 내각불신임 결의안 가결에 맞선 해산이 상정되어 있습니다. 이 중 대개의 경우 실제로는 7조에 제시된 천황의 중의원 해산 규정이 '내각의 조언과 승인에 의거하여' 집행되는 것이 대부분으로서, 천황과의 관계에서 내각이 중의원을 해산시킬 수 있었습니다(물론 그런 식으로 내각은 집권을 위해 유리하다고 판단된 시기에 중의원을 해산시키는 정치 수법을 사용해왔습니다).

현행 헌법

제7조 (천황의 국사행위)

천황은 내각의 조언과 승인에 의거하여, 국민을 위해 국사에 관한 행위를 한다.

1 헌법개정, 법률, 정령 및 조약을 공포하는 일.

2 국회를 소집하는 일.

3 중의원을 해산하는 일.

4 국회의원 총선거의 시행을 공시하는 일.

5 국무대신 및 법률이 정한 기타 관리의 임면 및 전권 위임장 및 대사 및 공사의 신임장을 인증하는 일.

6 대사면, 특별사면, 감형, 형의 집행 면제 및 복권을 인증하는 일.

7 영전榮典을 수여하는 일.

8 비준서 및 법률이 정한 기타 외교문서를 인증하는 일.

9 외국의 대사 및 공사를 받아들이는 일.

10 의식儀式을 행하는 일.

현행 헌법

제69조 (불신임 의결과 해산 또는 총사직)

내각은 중의원에서 불신임의 결의안을 가결하거나, 또는 신임의 결의안을 부결했을 때는 10일 이내에 중의원이 해산되지 않는 한, 총 사직을 하지 않으면 안 된다.

자민당 개헌 초안

제72조 (내각 총리대신의 직무)

1 내각 총리대신은 행정각부를 지휘감독하며 그 종합조정을 행한다.

2 내각 총리대신은 내각을 대표하여 의안을 국회에 제출하며, 일반 국무 및 외교 관계에 관하여 국회에 보고한다.

3 내각 총리대신은 최고지휘관으로서 국방군을 통괄한다.

자민당 개헌 초안

제54조 (중의원의 해산과 중의원 의원의 총선거, 특별국회 및 참의원 긴급집회)

1 중의원의 해산은 내각 총리대신이 결정한다.

2 중의원이 해산됐을 때는, 해산의 날로부터 40일 이내에 중의원 의원의 총선거를 시행하고 그 선거일로부터 30일 이내에 특별국회가 소집되지 않으면 안 된다.

3 중의원이 해산됐을 때는, 참의원은 동시에 폐회된다. 단, 내각은 나라에 긴급한 필요가 있을 때는 참의원의 긴급집회를 요구할 수 있다.

4 앞항의 단서로 붙인 긴급집회에서 채택된 조치는 임시적인 것이고 다음 국회 개회 이후 10일 안에 중의원의 동의가 없을 경우 그 효력을 잃는다.

그러나 이번 자민당 개헌안에서는 현행 헌법 7조 '천황' 조항에 규정된 내각의 조언과 승인에 의거한 해산을 남겨두고는, 내각 총리대신 혼자서 중의원 해산을 결정할 수 있게 설정되어 있습니다. 이 불의의 습격과도 같은 해산은 정치를 대단히 불안정하게 만드는 것으로, 현재 바로잡을 수 있는 방향이 모색되고 있습니다. 영국에서도 2011년의 법률 개정에 의해, 하원이 내각 불신임안을 냈을 때를 빼고는 하원을 해산할 수 없도록 운용하고 있습니다. 그런데 내각 총리대신이 혼자서 전권적專權的으로 해산을 결정할 수 있게 되면, 그 정권의 지지율을 높이거나 자신들에게 편리하도록 쟁점을 설정할 수 있으며,

선거에 이길 수 있다고 생각될 때는 손쉽게 중의원을 해산시킬 수 있게 됩니다.

내각 총리대신의 그런 권한 강화는, 신자유주의 경제에 의한 CEO 등의 최고 책임자, 혹은 대학 총장의 거버넌스 강화와 동일한 흐름 속에 있죠. 권한을 한 손에 집중하면, 즉단即斷[즉결]이 가능하고 성과도 올릴 수 있겠지만, 그만큼 다양한 의견이나 창의성은 감소되고 말살될 터입니다. 다양성이 없는 곳에서는 가능성도 생기지 않습니다. 민주주의에 의한 결정은, 확실히 비용과 시간이 들지만, '이 길밖에는 없다'는 식으로 두 눈을 감은 채로 달려갈 때의 위험을 생각하고, 그 길 앞에 무엇이 기다리고 있는지에 대해 살필 여유가 필요한 게 아닐는지요?

'행정'으로의 그런 권한 집중에 의해 지방자치의 재정권도 전부 통제되며 지역의 다양성 역시도 말살되고 있습니다. 최근 뉴스에서 들으셨을 듯한데, 예컨대 정부는 오키나와 헤노코 기지 이전 설치에 반대하는 시·자치회에 대해서는 재정적으로 목을 조이고, 반대로 찬성하는 자치회에는 보조금을 주는 식으로, 돈줄로 노골적인 지배를 관철하는 시스템을 가동하고 있습니다.

다음으로는, '국민의 의무'와 관련된 이야기입니다. 자민당 개헌안의 방침 가운데 주요한 것 하나는 천부인권의 부정과 국민 의무의 강화라고 하겠습니다. 곧 ① 국방(개헌 초안 전문세 번째 단락), ② 일장기·기미가요 존중(제3조), ③ 영토·자원의 확보(제9조의 3), ④ 공익 및 공공질서에 대한 복종(제12조), ⑤ 개인정보 부당 취득 등의 금지, ⑥ 가족 서로 돕기(제24조), ⑦ 환경 보전(제25조의 2), ⑧ 지방자치 부담의 분담(제92조의 2), ⑨ 긴급사태 지시에 대한 복종(제99조 3항), ⑩ 헌법 존중(제102조)과 같은 조항이 그러합니다. 개헌안에서는, 이제 의무를 완수하는 것이 자유의 조건이 된 듯합니다. 특히 국민에게 헌법 존중의 의무를 부과한 점은 권력자를 붙들어 매는 것으로서의 헌법이라는 입헌주의의 본뜻에서 볼 때 잘못된 방향성을 취한 것이라고 하겠습니다.

자민당 개헌 초안

제3조 (국기 및 국가)

1 국기는 일장기로 하고, 국가는 기미가요君が代로 한다.

2 일본 국민은 국기 및 국가를 존중하지 않으면 안 된다.

제12조 (국민의 책무)

이 헌법이 국민에게 보장하는 자유 및 권리는 국민의 끊임없는 노력에 의해 보존되지 않으면 안 된다. 국민은 이를 남용해서는 안 되며, 자유 및 권리에는 책임 및 의무가 수반된다는

것을 자각하고, 언제나 공익 및 공공의 질서에 반해서는 안
된다.

제99조 (긴급사태 선언의 효과)
3 긴급사태의 선언이 발해졌을 경우에는, 법률이 정하는 바에
따라, 누구도 해당 선언에 관계된 사태에서 국민의 생명,
신체 및 재산을 지키기 위해 행해지는 조치措置에 관련하여
발해지는 국가 및 그 외의 공적인 기관의 지시에 따르지
않으면 안 된다. 이 경우에서도 제14조, 제18조, 제19조,
제21조 및 그 외의 기본적 인권에 관한 규정은 최대한으로
존중되지 않으면 안 된다.

제102조 (헌법 존중·옹호의 의무)
1 모든 국민은 이 헌법을 존중하지 않으면 안 된다.
2 국회의원, 국무대신, 재판관, 그 외의 공무원은 이 헌법을
옹호할 의무를 진다.

다음으로는, 신앙·종교의 자유와 관련된 이야기입니다. 개
헌안 제20조에서는 정교政敎 분리에 대해 특례特例가 마련되어
있습니다. "사회적 의례 또는 습속적習俗的 행위의 범위를 넘지
않는 것"은 예외로 규정함으로써, 국가나 지방자치체 및 기타

공공단체가 행해서는 안 될 "특정 종교를 위한 교육 및 기타 종교적 활동"이 가능해집니다. 조문은 다음과 같습니다.

자민당 개헌 초안

제20조 (신앙·종교信敎의 자유)

1 신앙·종교의 자유는 보장한다. 나라는 그 어떤 종교단체에 대해서도 특권을 부여해서는 안 된다.

2 누구도 종교상의 행위, 축전, 의식 또는 행사에의 참가를 강제 받지 않는다.

3 국가 또는 지방자치단체 그 외의 공공단체는, 특정 종교를 위한 교육 및 기타 종교적 활동을 해서는 안 된다. 단, 사회적 의례 또는 습속적 행위의 범위를 넘지 않는 것에 대해서는 이 규정에 해당되지 않는다.

왜 이런 규정이 신설되었는지는 말할 필요도 없는 것으로, 이 규정을 통해 야스쿠니 신사 등의 공식 참배가 가능해지기 때문입니다. 이는 '사회적 의례'이며 '습속적 행위'이기 때문에 정교 분리의 원칙에 어긋나지 않은 게 되는 것이죠. 나라나 공공단체가 종교적 활동을 할 수 있는 길이, 특례를 포함한 이 조항을 통해 열리게 되며, 그럼으로써 특정 종교와 정치권력 간의 유착이 진행되고 종교단체가 한층 더 '집표集票 머신'으로

가동되어갈 터입니다. 다시금, 제정일치祭政一致야말로 일본 국
체国体의 정화精華로서 칭송받게 될 것인지요? 이러한 방향성은
[개헌안 제1조 속에서의] 천황의 원수화元首化에 연결되어 있으
며, 현행 헌법 99조에 규정된 천황 및 섭정摂政의 헌법 존중
의무가 [개헌안 102조 2항에 의해] 철폐된 것과도 이어져 있습
니다.

   그리고 이런 헌법 개정을 추진하고 있는 단체로는 '민간
헌법 임시행정조사회'나 '아름다운 일본 헌법을 만드는 국민
의 모임' 등을 들 수 있습니다. 이 단체들의 공동 주최로 지난
5월 3일 개최된 '공개 헌법포럼'은 "헌법 개정 발의의 신속한
실현을!"이라는 모토를 내걸고 "전문·천황·9조·가족보호·
개정 조항 등 주요 개헌 테마에 관해 검토해야 한다"고 주장했
습니다. 그 단체들의 추진 모체가 되고 있는 단체로 주목받고
있는 것이 '일본회의日本会議'라는 점은 잘 알려져 있습니다.
아베 내각의 각료 8할이 일본회의 국회의원 간담회에 소속되어
있다고 흔히들 말하는데, 무엇을 주장하는 단체인지는 그 홈페
이지를 보면 명확하니 꼭 확인해주시길 바랍니다. 거기서 중시
되는 것은 '헌법 개정'이며, 논점으로 삼고 있는 구체적인
항목으로는 황실, 교육기본법, 부부별성[기혼 여성이 남편의 성을 따르
지 않고 부부가 각자의 성을 사용하는 것]이나 남녀 공동참여 등인데, 물론
부부별성이나 남녀 공동참여에는 반대 입장을 표시하고 있으

며 외국인 참정권 역시도 부정하고 있습니다. 그리고 인권 규정을 옹호하기보다는 국민으로서의 의무 준수를 더 중시하죠. 이러한 논조가 자민당의 개헌안과 동일한 것임은 분명합니다. 덧붙여 말해두자면, '일본회의'에 자신들의 신흥종교를 신봉했던 옛 신자가 리더십을 취하고 있는 점에 유감의 뜻을 표명한 종교법인 '생장의 집生長の家'[22]은 2016년 6월 9일자로 「올여름 참의원 선거에 대한 '생장의 집'의 방침」을 발표하면서 "여당과 그 후보자를 지지하지 않는다"라는 성명문을 내기도 했습니다.

이제 막바지에 이르렀습니다. 지금까지 살펴온 자민당 개헌안의 벡터는 어떤 것이었다고 이해할 수 있을지요? 간명히 제시하자면, 다음과 같지 않을까 합니다.

1. 보편주의 → 독존·고유주의独尊·固有主義

· ·
22. 1930년 다니구치 마사하루가 창시한 신흥종교, 2019년 현재 신자 41만. 천황숭배, 국가주의, '이에(家)' 제도의 부활, 메이지 제국 헌법의 부활, 진무천황 기원절 부활, 히노마루 옹호, 우생(優生)보호법 개정 등, 전후 민주주의에 위화감을 느꼈던 복고/보수진영에 의해 지지받았고 영향력을 행사했다. '일본회의'와 긴밀한 관계에 있다는 주장이 많은데 일방적 종속관계에 있지는 않다. 아오키 오사무, 『일본회의의 정체』(2016, 이민연 옮김, 율리시즈, 2017); 이명찬, 『'일본회의'와 아베 정권의 우경화』(동북아역사재단, 2018) 등을 참조할 수 있다.

2. 권력분립 → 권력집중

3. 사회권社會權['인간다운 삶을 살 권리' 및 '사회보장 수급권/요구권']주의 →
   가족·자기책임주의＝공조公助→공조共助→가조家助→
   사조私助

4. 자유주의→신자유주의＝과점寡占

5. 천부天賦인권→국부國賦인권＝큰 인권과 작은 인권＝멸사
   봉공滅私奉公

6. 비전非戰주의→무력武力 개입주의

첫째, 개헌안 전문에 있었듯이, 보편주의로의 지향에서 독존
으로 향해 가는, 즉 고유한 것이야말로 존귀한 것이라는 방향으
로 향해 가고 있습니다.

둘째, 권력분립에서 권력 일원화로, 권한의 집중화로 향해
가고 있습니다.

셋째, 가족이 서로 돕지 않으면 안 된다는 것은 전문에도
있었고, 제24조에는 "가족은 사회의 자연적이고 또 기초적인
단위로서 존중된다. 가족은 서로 돕지 않으면 안 된다"는 조항
이 신설되어 있기도 합니다. 이는 사회권에 근거하는 공생共生
주의로부터 가족을 기초로 하는 자기책임주의로의 전환입니
다. 그것에는 사회보장비에 펑크가 나 있다는 재정적인 문제도
있고, 분명 지금까지와 같이 사회보장비 전체를 국가 재정으로

조달할 수는 없기에, 말하자면 공조公助나 공조共助가 필요하다는 점을 부정할 수는 없겠습니다. 그러나 가족이 서로를 도와야 한다고 할지라도, 저출산 고령화 사회 속에서 결혼을 하지 않거나 자녀를 갖지 못하는 상황도 있습니다. 또 LGBT[Lesbian, Gay, Bisexual, Transgender] 등 다양한 커플이나 성적 결속이 있고 가족의 형태도 점점 다양화 되어가는 추세이기 때문에 종래와 같은 가정의 형태만으로 일률화해서는 곤란합니다. 가정이라는 것의 다양한 존재방식을 하나의 주물틀鑄型에 집어넣으려고 할 게 아니라, 그 다양성에 상응하는 사회보장의 형식을 관철시켜가는 방향이 필요한 게 아닐는지요?

넷째, 줄곧 경제성장만이 사회의 유일한 목적이 되고 있는 점에 관해서도 고쳐 질문할 필요가 있을 것입니다. 자유경쟁이 노래되고 있으면서도 현실에서는 모종의 시장독점·과점화에 의한 신자유주의가 만연하는 가운데 경제적 격차는 날마다 확대되고 있습니다. 이는 글로벌 경제 속에서의 필연적 흐름일지도 모르겠으나, 경제성장이 가져오는 풍요로움 속에서 격차가 심화되고 인간의 잠재력이 박탈되어가는 상황은 그런 필연적 흐름을 문제시하게 합니다. 그 흐름에 대항하는 힘을 사회 속에서 어떻게 길러갈 것인가? 다음 세대의 사람들에게 이어주어야 할 것은 그런 힘, 케이퍼빌러티[capability(역량·능력)]가 아닐는지요?

다섯째, 천부인권을 부정하고 국가가 인권을 부여한다는 국가중심주의적 지향이 명확하다는 점이 자민당 개헌안의 두드러진 특질이라고 하겠습니다. 그런 지향 속에서 제기되는 주장이 작은 인권과 큰 인권의 구별인데, 이는 '공익'이나 '공공의 질서'를 중시하는 경향과도 관련된 것이며, '멸사봉공'의 강요로 이어질 위험성까지도 간취되는 대목입니다. 바로 거기서 '나私'의[사적인] 작은 인권을 소멸시킬지라도 '공公'의 큰 인권을 지킬 가치가 있다는 주장이 즉각적으로 나타날 터입니다.

여섯째, 현행 헌법의 비전非戰주의에서 국방군에 의한 무력 개입주의로의 전환은 날마다 고양되고 전진되는 상황입니다. 물론 그것은 아베 수상의 관점에서는 "적극적 평화주의"가 되겠지만, 집단적 자위권의 발동은 기본적으로 무력 개입주의 이외에 다른 게 아닙니다. 물론, "보호할 책임"이나 "인도적 개입"이라는 것이 취할 수 있는 존재방식에 관해서는 일괄적으로 부정할 게 아니며, 현재의 일본에 가능한 방도를 모색할 필요가 있고, 일본국 헌법 역시도 "어느 국가도 자국의 일에만 전념하여 타국을 무시해서는 안 된다"[전문 제3단락]고 강조하고 있음을 잊을 수 없습니다. 그러나 전쟁과 억압의 형태는 더 이상 군사력만으로 해결될 수 있는 문제가 아니라는 점은 이라크와 아프가니스탄, 시리아의 상황 등에 입각해 본다면 자명한 일이 되고 있습니다. 지금이야말로 일본국 헌법의 비전주의에 의한 평화 구축과 그 의의가 고쳐 질문되어야 할 때이며, 이런 때는 달리 없을 것이라고 생각합니다.

여기까지, 잡다한 독해방식으로 시종일관하고 말았습니다. 이와는 달리, 끝으로 여러분께서 곰곰이 음미하며 읽어보시길 원하는 문장이 있는데, 가와카미 하지메[경제학자, 공산당원, 맑스『자본론』(부분) 및 코민테른 「32년 테제」 번역자]의 「일본 독특의 국가주의」 가운데 한 대목이 그것입니다. 그 문장을 쓴 사람의 이름이나 집필 시기를 밝히지 않는다면 현시점에서의 일본이 놓인 상황을 그려 놓은 문장으로 읽어버리게 될 정도로 절박한 묘사가 이뤄지고 있습니다. 그것은 1911년에 작성되었고, 그때는 메이지 국가에서 다이쇼 국가로 변이되던 시기에 해당되는데, 그로부터 100여 년이 지난 현재 우리들의 전후 사회는 어떤 방향으로 표류해가고 있는 것인지요?

일본 현대의 국가주의에 따르면, 국가란 목적이고 개인은 그 수단이다. 국가는 제1의 뜻을 갖는 것이고 개인은 제2의 뜻을 갖는 것이다. 개인은 단지 국가의 발달을 계획하기[셈하기] 위한 도구기관으로서 비로소 존재의 가치를 갖는다. (…) 그런데 서양인의 주의主義는 국가주의가 아니라 개인주의이다.

그렇기 때문에 그들의 그런 주의에 따르면 개인이 목적이고 국가는 그 수단이다. 개인은 제1의 뜻을 가진 것이고 국가는 제2의 뜻을 가진 것이 된다. 국가는 단지 개인의 생존을 완수하기 위한 도구기관으로서 비로소 존재의 가치를 갖는다. (…) 서양에서는 인권이 천부天賦이고 국권이 민부民賦인데 일본에서는 국권이 천부이고 인권은 곧 국부國賦이다. (…) 서양에서는 개인이 개인의 이익을 주장하는 일이 권리이다. (…) 그런 일은 일본에서 결코 정의가 아니며, 오직 의용봉공義勇奉公이 최상의 도덕이 된다. 그렇기 때문에 서양을 권리국權利國이라고 한다면 일본은 곧 의무국義務國이라고 할 수 있다. (「일본 독특의 국가주의」)

가토 히로유키[정치학자, 독일학협회학교·도쿄제대 총장, 제국학사원 초대 원장, 추밀고문관]는 천부인권이란 신기루 같은 것이며 권리란 어디까지나 강자의 권리, 강한 자가 갖는 것이라고 논했습니다. 아마 그 점도 부정할 수 없는 사실일지 모릅니다. 권리는 결코 하늘에 의해 자동적으로 부여되는 게 아니죠. 독일의 법학자 예링이 말했듯이 '권리를 위한 투쟁', 곧 투쟁의 과정을 통해서만 인류는 인권을 획득해왔던 것입니다.[23] 그렇기 때문에야말

• •
23. 예컨대 예링의 다음과 같은 문장을 꼽아두고, 본문에서 곧바로 뒤이어질

로 일본국 헌법 97조는, "이 헌법이 일본 국민에게 보장하는 기본적 인권은 인류의 다년간에 걸친 자유 획득의 노력에 따른 성과이며, 이들 권리는 과거에 허다한 시련을 견디며 현재 및 장래의 국민에 대해 침범할 수 없는 영구적인 권리로서 신탁됐던 것이다'라는 문장을 통해 헌법이 최고법규로서 귀중한 것임을 호소하고 있는 겁니다. 그러나 그 97조에 관련하여 자민당 개헌안은 11조와 동일한 내용이라고 간주하여 전체를 삭제하고 있습니다. 이는 기본적 인권이 '자유획득의 노력에 따른 성과'도 아니며 '과거에 허다한 시련을 견디며 현재 및 장래의 국민에 대해 침범할 수 없는 영구적인 권리로서 신탁됐던 것'도 아니라는 주장을 표시하는 게 아니겠습니까?

지금 우리들은 어느 쪽을 택할 것인가의 기로에 세워지고 있습니다. 물론, 오늘 말씀드렸던 것에 입각하자면 어느 쪽을 택해야 할지는 명확한 게 아닐까, 저 스스로는 그렇게 생각하고 있습니다. 평범한 논리를 따라 헌법을 배우고, 일본의 역사를 고심하고 살피며, 인류의 역사라는 것을 생각하고, 어떤 방식으

• •

일본국 헌법 97조를 새겨볼 수 있을 것이다. "투쟁은 법의 영원한 노동이다. 노동 없이 소유권이 존재할 수 없듯, 투쟁 없이 법은 없다. '이마에 땀을 흘리지 않고서는 빵을 먹을 수 없다'는 원칙에는 '당신은 투쟁하는 가운데 스스로의 권리를 찾아야한다'는 원칙이 동일한 진리로 상응한다."(루돌프 폰 예링, 『권리를 위한 투쟁(*Der Kampf ums Recht*)』, 윤철홍 옮김, 책세상, 2018, 149쪽. 원저작: 1872년)

로 세계의 평화를 위해 공헌할지를 스스로에게 고쳐 질문할 때, 우리가 선택해야 할 헌법은 어떤 것일까요? 나치스의 비참한 체험을 거쳤던 독일 국민 중에는 '헌법애국주의'를 외치는 사람들이 있습니다. 헌법을 지키는 것 자체가 진정한 애국주의에 다름 아니라는 것이죠. 헌법이란 자신들 스스로 제정한 것이고 스스로 권력자에게 부과했던 것인 이상, 국가 역시도 자신들의 것이지 권력자의 소유물일 수 없다는 겁니다. 거기에는, 입헌주의와 민주주의가 대립하고 그런 대립이 내셔널리즘에 의해 교란될 수도 있는 시대를 사는 우리가 어떻게 헌법을 마주해야 하는지 생각하기 위한 힌트가 숨겨져 있을지도 모릅니다.

여러분, 오늘 집으로 돌아가시면 「자민당 개헌 초안」과 그 「Q&A」를 실제로 살펴보시고, 스스로가 어떤 선택을 하면 좋을지 생각하는 시간을 만드셨으면 합니다. 이와 관련하여, 이번 참의원 선거부터는 18세 이상이 유권자가 되니 자녀분들이나 손자손녀들과도 부디 함께 이야기해보시길 바라게 됩니다.

죄송합니다. 이곳저곳으로 이야기가 튀는 바람에 여러분의 시간을 뺏고 말았습니다. 여기에서 끝내도록 하겠습니다. 긴 시간, 경청해주셔서 감사합니다.

제3장

헌법 9조의 사상수맥과 그 행방

시작하며: 체험의 리얼리티를 가진 헌법 9조

저는 작년에 『헌법 9조의 사상수맥』[2007]이라는 책을 내었습니다. 오늘날 '헌법 9조'의 무엇이 중요한 것일는지요? 인류는 수천 년의 역사를 지녔고, 세계 수십억 명 인구의 일원으로서 우리는 살아가고 있죠. 일본국 헌법은 그런 시공간의 최근 60년 간 일본에서 지속되고 있는 것입니다. '전쟁의 포기'를 규정했던, 인류사적 의의를 가진 이 헌법이 줄곧 지지받고 지속됐던 것은 일본의 원폭 체험, 외부 지역으로부터의 귀환[히키아게] 경험을 포함한 식민지 체험, 그리고 총후銃後[총구 뒤쪽, 전시 후방]의 비참한 체험이 있었기 때문이고, 그 기억에 의해 지탱되고 있기 때문입니다.

그러나 우리는 전쟁을 모릅니다. 그러하되 전쟁의 체험이
없다고 해서 그 점이 무언가의 선택 기준이 되는 것은 아닙니다.
전후 60년의 인간 사회는 모르모트['실험용 동물', 네덜란드에서 기니피그
와 마멋(Marmotte)을 혼동하여 부른 이름]같이 실험될 수 없습니다. 다른
시대를 체험하지 못했던 세대가 말과 사상을 통해 그 시대를
이해하고 선택하며 또 배울 수 있다는 것이 인류가 지닌 특권이
라고 할 수 있겠습니다.

1. '사상의 씨앗'을 이어받아

『헌법 9조의 사상수맥』에서 다룬 평화의 사상은 유럽의
생-피에르나 루소[1]에 관한 이야기에서 시작하지만, 일본과
관련해서는 메이지 이후부터 다뤄집니다. 1615년 겐나엔부元和
偃武['겐나 원년 무력/전쟁이 그쳤음(偃)'을 뜻함] 이래로 메이지 시대까지는
전쟁이 없던 사회였습니다. 미국과 비교해도 '가타나가리'[2]

• •

1. 생-피에르 신부가 쓴 『유럽의 영구평화를 위한 제언』(1713). 루소, 『생피에
   르 영구평화안 발췌, 생피에르 영구평화안 비판 외』, 박호성 옮김, 책세상,
   2015.
2. 刀狩り. 무사 이외의 사람들로부터 무기를 몰수함. 1588년에 도요토미
   히데요시가 실시한 것이 유명.

이래로 사람들이 자신의 무기를 갖지 않으려고 했던 희귀한 사회였다고 하겠습니다. 예컨대 유교에서는 '군병은 흉기'라거나 '광폭한 기구器'이며 동시에 '재정財政을 해치는 것'으로 여겼으며 군병의 보유를 그만두지 않으면 안 된다고 일관되게 사고해왔습니다. 그러나 그럴 수 없었던 것도 사실이었죠.

그런 메이지 시기의 사상가 요코이 쇼난은 "바라는 일은 천하통일과 인심 세탁"이라고 말하면서 막부 말기의 개혁을 시도했던 사람으로서, 사카모토 료마나 「5개조 서약문御誓文」을 썼던 유리 기미마사 등에게 큰 영향을 끼쳤습니다. 일본의 메이지 유신에서 "모든 일萬機은 공론公論에 부쳐 결정할 것"[3]이라는 민주주의적 발상은 요코이 쇼난의 영향이었다고 할 수 있겠습니다.

가쓰 가이슈는 요코이 쇼난을 평가하면서 "나는 세상에서 두 명의 두려운 사람을 보았다"며, 하나는 요코이 쇼난이고 다른 하나는 사이고 다카모리인데, 혹시 요코이 쇼난의 사상을

· ·

3. 「5개조 서약문」의 첫째 항목에 들어 있는 구절. 「5개조 서약문」은 메이지 원년 1868년 4월에 메이지 천황이 천신지지(天神地祇)에 맹세를 고하는 의례 형식으로 상하 모두를 향해 포고한 정부 기본방침이었다. 다음과 같이 되어 있다. "1) 널리 회의를 흥하게 하여 국정의 모든 일은 공론에 부쳐 결정할 것. 2) 상하 합심하여 왕성한 경륜을 행할 것. 3) 문무백관에서 서민에 이르기까지 저마다의 뜻을 이룰 수 있고 인심이 지치지 않게 할 필요를 따를 것. 4) 구래의 누습을 깨고 천지의 공도(公道)에 근거할 것. 5) 세계로부터 지식을 구하고 황국의 기반(皇基)을 크게 진작시킬 것."

사이고 다카모리가 실행했었더라면 일본은 세계에서 보기 드물게 훌륭한 나라가 됐을 것이라고 말했습니다. 요코이 쇼난의 사상을 이어받아 사카모토 료마는, 예의 유명한 말, "일본을 지금 한 번 세탁하고 싶다"[1863년 누나에게 보낸 편지]는 말을 했었죠. 이 '세탁'이라는 말은, 잘 알고 계시듯, 최근에 발족한 히가시코구바루 나가사키 지사 중심의 그룹 이름인 '세탁'[4]과도 통하는 듯합니다. 그런 뜻에서도 현재까지 사상적인 수맥이 끊어지지 않고 이어지고 있네요. 단, 그 그룹이 무얼 하고 있는지는 모르겠지만 말입니다.

쇼난의 사상이 당시에 온전히 받아들여진 것은 아니었지만, 그는 비전론非戰論을 외치면서 다음과 같이 설파했습니다. "혹시라도 나를 부릴 자가 있다면, 나는 곧바로 사명을 받들어 먼저 미국을 설득하여 일화협동一和協同을 꾀하고, 그 다음으로 각국을 설득함으로써 끝내 사해四海(세계)의 전쟁을 정지시킬 것이다." 쇼난은 일본인이 "세계의 돌보미世話役[보살핌/시중 역할]"가 되어야 하며, 이를 위해서는 먼저 미국을 설득하고 세계의 전쟁을 중단시켜야 한다고 말했던 것이죠.

작년에 <아사히신문>은 헌법 제정 기념일에 맞춰 「제언함,

●●

4. 이는 통칭이고, 정식명칭은 '지역·생활자 기점에서 일본을 세탁(선택)하는 국민연합'임. 2008년 1월 발족, 2009년 9월 종료. '세탁'과 '선택'은 일본어로 동일하게 발음됨('센타쿠').

일본의 신전략 사설 21」(2007년 5월 3일)의 <헌법 60년 우리는 이렇게 생각합니다> 특집 속에서 일본이 "세계를 위한 '돌보미'가 될 것"을 제창했었습니다. 이 문장을 썼던 와카미야 요시부미(<아사히신문> 본사 컬럼니스트, 전前 논설주간)는 요코이 쇼난을 몰랐던 듯합니다. "세계를 위한 '돌보미'가 될 것"이라는 전략은 <아사히신문>이 생각해냈던 것이지만, 앞질러 쇼난 역시도 150년 전에 그런 생각을 했었던 것이죠.

쇼난의 두 번째 아내는 도쿠토미 소호와 로카 형제의 누이였는데, '사상의 씨앗'이라는 말 자체는, 지금 당장에는 불가능할지라도 '사상의 씨앗'을 뿌려 놓는다는 것, 그러면 반드시 누군가가 그것을 이어받아줄 것이라는 생각으로 나카에 초민이 사용했던 말로, 이를 쇼난이 실행했다고 하겠습니다.

이어 말씀드릴 이야기는 쇼난의 친척 관계이자 사상 관계 속에 있었던 사람에 관해서인데, 도쿠토미 로카가 그 사람입니다. 그는 『호토토기스不如歸』[1898]로 유명하며, 메이지·다이쇼 시대에 큰 영향력을 가졌던 문학자이자 사상가였습니다. 졸저 『러일전쟁의 세기』[2005; 정재정 옮김, 소화, 2010]에서 인용하기도 했었는데, 러일전쟁은 유색인종이 백색인종과 싸워 이겼던 일이었으므로 아프리카나 아시아의 독립운동, 나아가 미국 흑인의 공민권公民權 운동에도 영향을 주었습니다. 그러나 요코이 쇼난의 영향을 직접 받았던 로카는 러일전쟁의 그런 영향력을 두고 반드시 기뻐했던 것은 아닙니다. 러일전쟁이 끝난 1906년 「승리의 비애」라는 논문을 써서 "전쟁에 이긴 일은 기쁨이 아니"라고, "전쟁에 이긴 일은 비애"라고 호소했습니다. 힘을 통해 이긴 것이 과연 진정으로 인류에게 행복한 일이겠는가라는 물음을 던진 것이죠. 일본이 전쟁에서 이긴 당시야말로, 그런 승리가 갖는 의미에 눈떠야 할 때이며, 그렇지 않으면 점점 더한 전쟁이 산출되리라는 경고를 보냈다고 하겠습니다.

러일전쟁 속에서도 고토쿠 슈스이, 우치무라 간조의 비전론 非戰論이 큰 힘을 가졌고, 그 비전론은 러시아 사회주의와의 연대 결성으로도 이어졌으며, 나아가 톨스토이와의 직접적인 문서 교환을 통한 사상의 연쇄도 일어났었습니다. 톨스토이의 『전쟁과 평화』[1865~1869]에 그려진 비전론은 일본의 다이쇼·쇼와 시대를 통해 일본에 큰 영향을 끼쳤습니다. 러일전쟁 이후에 비전론의 영향을 받았던 로카는 톨스토이를 향한 심취를 표명하기 위해 『순례 기행』[1906]이라는 이름으로 톨스토이를 만나러 가는 순례 여행을 떠납니다. 그리고 농업이야말로 인류에게 해를 끼치지 않고 평화에 있어 가장 중요한 것이라는 톨스토이의 사상에 영향을 받아 일본으로 돌아옵니다. 그러고는 스스로 농사일을 하면서 문필활동을 해나갔습니다. 이는 동시에 일본의 농본주의 가운데에서 큰 흐름이 됩니다. 이런 평화와 환경에 관한 톨스토이의 사상에 영향을 받았던 이들로는 다나카 쇼조를 들 수 있고, 무샤노코지 사네아츠 등의 '새로운 마을' 역시도 그런 사례일 것입니다.[5]

1911년 대역大逆 사건[6]에서는 고토쿠 슈스이를 비롯해 24명이 사형 판결을 받고, 그 절반 12명이 처형되었습니다. 그 사건으로 인해 사회주의는 겨울의 시대로 들어가고 1차 대전 이후까지 사회주의 사상은 탄압을 받게 됩니다. 로카는 대역 사건의 판결에 대해 제1고등학교에서 「모반론謀叛論」이라는 강연을 했고[이 강연은 고토쿠를 열독하던 '변론부' 학생들이 주최했음], "사회를 바꾸는 것은 모반이다"라는 주장을 펼쳤습니다. 메이지 천황이 24명에 대해 사형을 명한 상태에서, 그 절반에 은사恩赦[군주(권)에 의한 사면면죄]를 행한 일이 흡사 메이지 천황의 자비심이 베풀어진 것처럼 선전되고 있지만, 만약 25명이 사형수였다면 "메이지 천황은 12.5인을 처형했을 것인가"라고, 인간의 목숨을

• •

5. 다나카 쇼조는 일본 중의원 6선 의원. 일본 최초의 공해사건 '아시오 광독(鑛毒) 사건'을 메이지 천황에게 직소(直訴)했던 일로 유명. 톨스토이의 열렬한 독자였다. '백화파' 소설가·시인·극작가 무샤노코지 역시도 톨스토이의 독자였는데, 그는 동료들과 함께 미야자키현에서 일종의 이상향이라고 할 수 있을 '새로운 마을'(1918)의 개척을 시도했었다.

6. 1910년 메이지 정부에 의해 날조된 대역죄(大逆罪) 처분, 곧 메이지 천황 암살 계획의 주범으로 고토쿠 슈스이를 포함 26명이 비밀리에 체포되고 24명이 사형 판결을 받은 사건(12명은 사형 집행, 12명은 특사에 의해 무기징역으로 감형). 뒤이어 전국의 사회주의자 및 아나키스트 그룹이 탄압을 받고 침체됨.

산수 나눗셈으로 처리하는 방식을 강렬하게 비꼰 강연이기도 했었습니다.

로카는 1차 대전이 끝난 1918년 11월 17일에 "그리스도는 살았고, 톨스토이는 죽었다"며, "내가 말하지 않으면 누가 내 말을 대신하겠는가"라고 하면서, 1919년 4월 다시금 평화의 순례 여행을 떠납니다. 때마침 예루살렘은 1차 대전의 밀약에 의해 현재와 같은 진흙탕 전쟁에 들어가는 초입에 서있던 때였는데, 로카는 예루살렘에서 '베르사유 회의'를 향해 「소망」이라는 문서를 발송하였습니다. 거기서도 군비의 완전한 폐지, 여성의 정치 참여, 식민지의 포기를 호소하고 있었죠. 그런 호소는 당대로서는 이상한 주장이 아니었습니다. 여성의 참정권도 1918년 영국에서 인정되며 1920년에는 미국도 인정하게 되죠. 그러나 일본의 경우로 바꾸어 말하자면 로카의 그런 호소는 대단한 용기 없이는 불가능한 주장이었다고 하겠습니다.

당시 일본에서 여성은 치안경찰법 제5조에 의해 정치적인 회합에 일체 나가지 못했으며 결사를 조직할 수도 없었고 정치적인 투표권도 일체 없었습니다. 당대 일본의 여성에게는 우선 자신들이 회합에 나갈 수 있는 자유를 획득하는 일이 최대의 정치적 과제였던 것이죠. 이치가와 후사에 씨를 위시한 '부인참정권 협회'의 주장은 우선 자신들이 집회 및 결사에

나갈 수 있도록 인정해달라는 것이었습니다. 그러나 그것조차
도 전후까지는 인정되지 않았었죠.

그런 주장을 내세웠던 사람들 가운데 도쿠토미 소호와 인척
관계에 있던 야지마 가지코라는 여성이 있었습니다. 야지마는
마흔이 지나 처음으로 교원이 되려는 뜻을 품고서 공부하기
시작했고, 집회·결사가 금지된 상태에서 1886년 40여 명으로
일본 최초의 '기독교 부인교풍회[矯風(풍속을 교정함)]'를 창설하여
매춘·음주 등의 풍속을 바로잡는 활동과 동시에 평화운동에도
참가하게 됩니다. 그리고 1889년 신에이·사쿠라이 여학교를
합병하여 탄생한 '여자학원'의 원장이 됩니다. 야지마는 89~90
세 무렵인 1921년, 워싱턴 군축회의에 '동양의 평화는 여성이
지키지 않으면 안 된다'는 것을 호소하기 위해 일본 부인단체
18개 1만 명의 서명을 받아 참가합니다. 당시는 미국으로 건너
가는 데에 선박으로 1개월 이상 걸렸던 때로, 그녀의 집안
친척 아주머니였던 도쿠토미 소호는 '그 연세에 미국까지
가서 활동하는 일은 그만두시길, 돌아가시면 어쩔 것인지요'라
고 말했지만, 야지마는 '천국까지의 거리는 일본에서도 미국에
서도 마찬가지이니, 어디서 죽든 다를 게 없다'고 평안한 모습
으로 웃었다고 합니다. 야지마는 92세로 죽을 때까지 평화선언
을 위한 문장을 썼습니다.

야지마 가지코의 영향을 받은 이들 중에는 여성해방운동가

구부시로 오치미가 있습니다. 그녀의 어머니는 소호·로카의 여동생이죠. 오치미落実라는 이름은 아버지가 이 이상으로 못생긴 아이는 없으리라고, 이 이상으로 떨어질 생김새는 없으리라는, 애정의 반영으로 붙인 것이라고 합니다. 구부시로는 야지마의 '여자학원'에서 배웠는데, 야지마 역시도 구부시로를 두고 "이 아이는 못생겼으니[기량·수완이 떨어지니] 오히려 길게 갈 것"이라고 말했다고 합니다. 구부시로는 요령부리지 않고 우직하게 평화운동을 지속하였습니다.

구부시로는 부모가 그리스도교로 귀의하고 하와이와 샌프란시스코에 포교를 위해 건너갈 때 따라갔으며, 야시마가 미국에 체류할 때에는 번역이나 통역을 하면서 활동을 지원하였습니다. 구부시로는 샌프란시스코에서 대지진을 경험했고, 돈벌이를 위해 일본에서 건너온 창부의 비참한 상황에 쇼크를 받았습니다. 이후 일본으로 돌아와 폐창廃娼 운동을 하지 않을 수 없었던 까닭이 거기에 있었죠.

세계적으로 여성의 평화운동이 일어났던 것은 1차 대전에서 미국의 제인 애덤스[사회개혁가·평화주의자. 1931년 노벨평화상 공동 수상]를 중심으로 '여성평화당'이 만들어지고 세계적으로 확산됐던 일과 이어져 있었습니다. 애덤스를 비롯한 운동가들은 "여성은 '생존'을 위해 태어났다"고 말합니다. 그 '생존'이라는 말의 뜻은 여성이 자신의 생존만이 아니라 자손을 낳고 생활의 안녕을 마련하는 천성을 갖고 있다는 것이었고, 여성이야말로 평화운동의 담당자여야 할 이유가 거기에 있다는 것이었습니다.

유럽에 있던 '부인참정권회의'에서 독일인 여성은 "만약 자신들이 참정권을 갖고 있었다면 비참한 전쟁은 일어나지 않았을 것이고, 일어나지 않게 했을 것"이라고 발언했던 일이 있습니다. 그 회의에 출석했던 여성참정권 운동가 건틀릿 쓰네코가 일본에 돌아와 구부시로에게 평화운동과 여성참정권운동은 정확히 하나라는 것임을 전했고, 이는 일본의 여성참정권운동과 평화운동이 여성들에 의해 일체가 될 수 있었던 중요한 지반이 됩니다. '부인교풍회' 역시도 그때까지의 폐창운동에서 더 나아가 1920년에는 '세계의 평화'를 목표로 내걸고 운동을 시작합니다. 동시에 평화운동과 참정권운동이 일체가 되어 같은 해 1920년에는 '일본부인참정권협회'가 결성되었고 이치가와 후사에 등에 의해 이후의 운동으로 이어지게 되죠.

그렇게 1945년 12월의 선거법 개정을 통해서는 여성에게 참정권이 부여됐고, 그 다음 해 4월의 선거에서는 일본에서 처음으로 39명의 여성의원이 탄생했습니다. 그들이 일본국 헌법의 제정회의에 들어가서는, 예컨대 베아테 시로타[7]가 썼던

· ·

7. 1923~2012. 빈 태생의 유대계 우크라이나인. 부모와 함께 쇼와 초엽 일본에

헌법 24조·25조에 관여하여 남녀평등과 생존권을 주장했던 겁니다. 부인참정권이 부여됐던 것은 분명 맥아더의 지령이었습니다만, 정확히는 1910년 부인교풍회의 운동에서 시작된 여성참정권운동이 면면히 지속됐던 일이 결실을 맺은 것이라고 해야 할 것입니다.

전후, 구부시로는 히라츠카 라이초[페미니스트·사상가·작가] 등과 함께 '베트남에 관한 대화의 모임' 발기인으로서 재일 미군에게 반전 카드를 보내는 운동이나 재군비再軍備 반대 서명운동을 했습니다. 만년인 80세를 넘어서도 베트남 반전운동으로 모인 국회 앞에서 가장 큰 목소리를 냈습니다. 그녀는 건틀릿 쓰네코와 같이 전전戰前까지는 평화운동을 주장했지만 이후에는 평화에 소극적이었던 자신에 부끄러움을 느꼈던 때도 있었습니다. 그렇기에 전후에도 그녀는 결코 운동을 굽혀서는 안 된다고 주장했던 것입니다.

여기까지, 요코이 쇼난에서 시작하여 그 주변에 있던 사람들이 특히 여성의 참정권운동과 부인의 평화운동에 어떻게 연결되고 있었는지에 관해 말씀드렸습니다.

· ·
거주했었고, 패전 이후 미군정 GHQ 민정국(民政局) 소속으로 제국헌법 개정 작업에 관여했다. 특히 일본국 헌법 24·25조 '가족생활에서의 개인의 존중과 양성평등' 조항에 힘을 기울였다.

2. 헌법 9조의 전후戰後: 역사인식 문제와 헌법 문제

헌법 9조의 전후에 대해 생각해보는 일은 오늘날 우리들과 관계 맺고 있는 여러 사건과 사물의 형편을 판단해가기 위한 한 가지 기준이 되리라고 생각합니다.

일반적으로 일본국 헌법은 기본적 인권, 평화주의, 의회주의, 민주주의로 규정된다고 말합니다. 그러나 실제의 일본국 헌법을 생각하면, ① 상징천황제, ② 헌법 9조와 평화주의, ③ 미국의 기지화基地化라는 세 가지가 합체되어 있다고 하겠습니다. 그것들이 어떤 연결 방식을 취하고 있는지가 항상 문제였다고 할 수 있겠죠.

맥아더가 헌법에 9조를 기입했던 배경에는 천황의 존재가 100만의 군대에 상응하기 때문이었습니다. 일본국 헌법은 전쟁 반대 규정을 통해 군대의 무장을 해제시키는 일에 큰 역점을 두고 있었죠. 그러나 동시에, 군대를 배제할 경우 일본인이 크게 반발하리라는 생각 아래 도쿄 재판에서는 천황을 면책했던 것입니다. 거꾸로 말하자면 그런 면책을 위하여 헌법 9조를 설정했다는 의미도 있었던 것이죠. 예컨대 당시의 의회에서는 헌법 9조를 두고 '천황제를 수호하기 위한 피뢰침'이라는 표현까지도 나왔었습니다.[8] 결코 헌법 9조만이 돌출해 있었던 게

아니라, 어디까지나 상징천황제를 수호하고 유지護持한다는
의미를 가졌던 겁니다.

1) 두 전쟁의 전후 처리: 아시아를 향한 시점의 결여

거기서 문제는 현행 헌법을 두 전쟁의 전후 처리를 중심으로
볼 때 드러납니다. 그 두 전쟁이란, 하나는 미국·영국·네덜란
드와 맞섰던 식민지 전쟁, 식민지 탈취를 위한 전쟁이고, 다른
하나는 조선이나 중국을 상대로 했던 전쟁입니다. 그런데 전후
처리는 도쿄 재판에서 시작해서 헌법 제정으로, 그리고 샌프란
시스코 강화조약으로 일관되게 진행됐고, 그 점이 주목해볼
만한 것이라고도 하겠으나, 역시 아시아를 향한 시점이 결락되
어 있었던 점은 문제입니다. 처음부터 끝까지 오직 미국·영국
과의 제국주의 전쟁에 대한 전후 처리였을 뿐이죠. 그것이
도쿄 재판이었고, 현행 헌법이었으며, 샌프란시스코 강화조약
이었습니다. 그 강화조약에는 중국이나 조선의 대표는 완전히

• •
8. 이른바 '피뢰침 헌법'. 천황의 전쟁범죄 유죄판결 및 정치·사회의 혁신적
  변혁으로 집중될 관심을 다른 쪽으로 돌리고 흡수하기 위한 '피뢰침'으로서
  의 9조 이외는 반대 방향에서 당대의 일본국 헌법 제정을 경멸조로 표현했던
  말은 '야마부키(山吹) 헌법' — 야마부키(황매화꽃), 꽃은 펴도 열매는 맺히
  지 않는다는 뜻 — 이었는데, 중의원에서 나온 그 말은 천황 관련 조항이
  8개나 있음에도 천황에게 정치적 실권이 전혀 부여되지 않은 점을 비꼬는
  것이었다.

배제되었습니다. 그런 식의 전후 처리 과정에서 '미일 화해의 이야기'를 만들기 위한 하나의 소재를 제공했던 것이 다름 아닌 헌법 9조였다는 측면도 잊어서는 안 되는 것입니다.

헌법 9조의 마이너스적인 측면을 말하는 것은 조심성 없고 불성실한 것처럼 여겨질지도 모르겠지만, 거꾸로 헌법 9조가 지닌 긍정적인 측면만 강조하면서 그것을 지키지 않으면 안 된다고 주장하는 일은 일본인만의 방자함이라고 하지 않으면 안 됩니다. 뒤에서 말씀드리겠지만, 진정으로 헌법 9조를 지켜나가고자 한다면, 아시아와의 대화가 없어서는 안 됩니다. 이런 사정을 우리는 오래도록 태만히 여겨왔다는 생각을 하게 됩니다.

미국에서 우세적인 논리는, 원폭의 힘을 빌렸을지라도 종전을 이끌어냄으로써 죽음에 직면해 있던 일본 국민을 구해내고 개심改心시킬 수 있었다는 논리, 보편적 가치로서의 자유와 민주주의를 일본에 뿌리박도록 만들 수 있었다는 논리입니다. 즉, 9조를 기입해 넣은 평화헌법을 전후 일본에 부여함으로써 자신들이 원폭을 투하한 일이 다름 아닌 일본인을 위한 것이었다는 '이야기'가 만들어지게 되는 것이죠. 다른 한편, 일본에서는 미국의 힘을 인정한 쇼와 천황의 전쟁 종결이라는, '성단聖斷'의 이야기가 만들어집니다. 이 천황의 전쟁 종결에 의해 국민은 궁지를 면할 수 있었고, 나아가 메이지 헌법을 개정해 9조를 포함한 일본국 헌법을 제정함으로써 국민을 궁지로부터 구해 냈으며, 그런 토대 위에서 새로이 민주화와 경제 번영의 길을 걸을 수 있게 됐다는 논리가 우세해집니다. 이렇게 상보적인 '미일 화해의 이야기'를 만들어냄으로써, 미국은 전쟁 수행의 도의성道義性을 안팎에 확신시킴과 동시에 원폭 투하의 책임을 망각할 수 있었고, 일본은 천황의 뜻을 거슬렀던 군부에 책임이 있었다는 식으로 천황의 전쟁 책임을 의식에서 추방할 수 있었습니다.

도쿄 재판에서는 천황을 재판정에 세우거나 소추하지 않고 면책했으며, 어디까지나 군부의 도조 히데키를 위시한 14명의 A급 전범을 전쟁의 주범으로 세우는 논리가 구축됐던 것이죠. 불가사의하고도 교묘하다고 할까요, 최근 발표된 쇼와 천황의 측근들이 쓴 고백록이나 일기는 거의 판에 박은 것처럼 동일한 이야기 패턴을 반복하고 있습니다. 즉 '쇼와 천황은 A급 전범을 싫어했고, 그들의 야스쿠니 신사 합사合祀에 반대했으며, 따라서 천황 본인은 야스쿠니에 합사되지 않기로 결정했다'는 식으로 일련의 고백들이 이어지는 겁니다. 아마도 그런 이야기와 반대되는 사실들이 있었을지라도 공개되지 않을 것입니다. 그런 고백에 의해 '미일 화해의 이야기'가 재생산되고 거듭 반복됨으로써 국민 속으로 스며들고 있는 것이죠. 이런 역사의 큰 문맥 속에서 전전戰前을 되돌아보면서 사고할 필요가 있지 않을까 합니다. 최근의 상황을 보고 있으면 그런 느낌이 더 강해지는 듯합니다.

헌법 9조가 중요한 것은 그것이 미국의 아시아 전략을 위한 분업 관계 속에 놓여 있기 때문입니다. 일본은 1950년 한국전쟁에서 병참기지로서 군사 물품을 만들고 전쟁을 위해 물자를 옮겼으며, 미국은 한국을 기지로 삼아 주변에 전투 기지들을 설치했습니다. 대만 역시도 그런 역할 분담 체제에 놓이게 되었죠. 귀로 듣기에 참으로 아픈 이야기였는데, 한국에서 9조와 관련된 이야기를 했을 때, 징병제로 입대를 앞둔 대학생으로부터 다음과 같은 취지의 말을 들었던 일이 있습니다. "당신은 일본의 젊은이들이 전쟁에 나가지 않아도 되는 이유가 헌법 9조에 따른 것이라고 말하지만, 그들 일본인의 권리를 보장하고 있는 것은, 실은 한국의 징병제다." 그는 일본이 그 점을 잊지 말았으면 한다고도 말했습니다.

우리들이 헌법 9조에 관해 생각할 때, 그런 논의의 맥락이 결여되고 있었던 게 아닐는지요? 그것은 단지 한국과 일본의 문제가 아닙니다. 일본과 대만의 문제이기도 합니다. 헌법 9조를 생각할 때 필요한 것은, 이 나라의 평화를 지키기 위해 어떤 특정 맥락과 관계성 아래 아시아를 정리해버렸던가를 생각하는 일입니다.

2) 오키나와와 헌법·역사문제

일본 국내에서도 동일한 상황이 존재하죠. 오키나와입니다. 오키나와는 인구 전체의 1%, 행정구역의 면적 비율로는 0.6%에 지나지 않습니다. 그럼에도 일본에 있는 미군 기지의 75%를 오키나와가 부담하고 있죠(참고로 미군 기지와 기타 관련 시설은 일본 전역 28군데에 걸쳐 있습니다). 즉, 일본 국내가 평화 상태에 있다고 생각하는 것은 미군 기지를 주변국이나 오키나와에 강제로 떠맡겼기 때문이라고 할 수 있습니다.

헌법 9조를 만들 때, 맥아더는 미국의 통치권에 근거하여 시정권施政權 아래 있던 오키나와를 미군 기지로 삼으면 좋겠다는 생각을 갖고 있었다고들 하죠. 헌법 9조와 오키나와의 미군 기지는 한 세트가 되어 있었던 겁니다. 오키나와 사람들은 '본토 복귀'를 요구했던 게 아니라 '평화헌법으로의 복귀'를 요구했던 것입니다. 그런데 오히려 정반대가 되고 말았습니다. 본토 복귀 이후, 점점 더 부담은 커져갔고 본토의 다른 기지 수준에도 미치지 못하게 됐기 때문입니다. 그 부담은 현재 극점을 향해 가고 있는 듯합니다.

1945년 3월에 시정권이 오키나와로 반환되고 12월에는 부인 참정권이 실시되었지만, 오키나와는 두 가지 측면에서 문제가 있었습니다. 하나는 오키나와 사람들의 선거권이 일체 인정되지 않았다는 점입니다. 다른 하나는 당시의 단계에서 강제적으로 연행되어 오키나와에 있던 중국·조선인 문제로, 그들은 본토에 있던 사람들과 마찬가지로 국적은 있을지라도 공민권은 정지되어 있었습니다. 그들은 샌프란시스코 강화조약 때까지는 일본인이었지만 그 이후에는 권리가 박탈되죠. 강화조약 이후 현재까지 자이니치在日 60만 사람들은 공민권을 갖고 있지 못합니다. 그러함에도 도쿄 재판에서는 많은 대만인·조선인들이 '예전에 일본인이었기 때문에' B·C급 전범으로 재판을 받았습니다. 그들이 가진 권리는 '더 이상 일본인이 아니기 때문에' 부정하고 박탈했으면서 말입니다. 식민지 침략전쟁에 관한 전후 처리란 바로 그런 식이었던 것이죠.

오키나와는 말할 것도 없이 미군의 세계전략적 재배치의 일환으로 들어가 있습니다. 워싱턴 본부에 있던 미육군 제1사령부가 일본의 자마 캠프로 2007년부터 이전해 들어와 있는 점에서도 명확하듯이, 일본은 미국의 세계전략을 위한 기지로서 기능하고 있는 것이죠. 마찬가지로 한국에도 미군이 주둔하고 있습니다. 한국에서의 징병제 실시와 일본에서의 부분적 자유권 유지라는 분업의 체제는 어디까지나 냉전 구조의 산물이라고 하겠습니다. 그런데 한국에서는 최근 10년간의 정권 아래에서 반미의식이 강해지고 미군의 축소를 강하게 요구하게 된 듯합니다. 그러면 당연히 한국을 대신할 어딘가가 필요해질 것이며, 그 장소란 불안정한 중동으로부터 조선반도까지에 걸쳐 요충이 될 오키나와나 괌일 터입니다. 일부는 괌으로 이전하겠지만, 결국 오키나와 이외에 다른 곳은 없게 될 것입니다. 최근 이와쿠니의 기지 문제를 포함하여 미군의 세계전략적 배치 속에서 결정되고 부과되는 것이죠.

그런 배치 속에, 오키나와에 관한 교과서의 내용이 왜 중요한 문제가 되는지 이유가 있습니다. 오키나와전쟁沖縄戦의 참상을 '집단 자결'이라는 말로, '군대'에 따른 일이었다는 식으로 교과서 내용을 작성하게 했던 사정에 반대하여 11만 명의 집회가 있었고 비판 운동이 고조되었습니다. 그러자 문과대신도 문제를 인정하지 않을 수 없게 됐지만, 수정 신청 이후에도 교과서 내용은 변하지 않았고, '일본군'이라는 주어는 어디에도 나오지 않았으며 '강제'라는 낱말도 마찬가지였습니다. 아무것도 변하지 않았고, 거꾸로 더 애매하게 처리되고 있는 것이죠.

교과서 문제에 대한 그런 집회와 운동을 두고, 예컨대 <산케이신문>은 집회에 참가한 인원수를 세며 '그건 4만 명이었다'는 기사를 내보내거나, 지난 2월에 일어났던 미군에 의한 소녀 상해 사건에 대해서도 '모르는 사람에게 함부로 말해서는 안 되는데, 기본 태도가 잘못된 그 여자애가 나빴다'고 보도합니다. 문제는 오키나와 기지를 비판의 대상으로 삼으면, '핵무기 배치를 전제로 하여 일본의 독자적이고 본격적인 군비화를 선택하는 길 말고는 없다'는 주장이 우세해지는 상황이라고 하겠습니다. 왜 오키나와를 문제로 삼아서는 안 되는지, 오키나와를 문제로 삼으면 왜 필연적으로 핵무기 배치를 전제로 하는 주장이 되는지 논리적인 설명은 없고 비약만 있을 뿐입니다.

저는 애초에 '집단 자결'이라는 말 자체가 사태를 정확히 표현하는 말이 아니라는 점을 포함해, <교토신문>에 글을 썼던 일이 있는데('현대의 말' 코너. 2007년 11월 28일자) "교토대에서 쫓아내라"는 댓글들이 한가득 달렸던 걸 보았습니다. 논리가 아닌 힘이 움직이고, 이에 모두가 침묵하고 맙니다.

그렇다면 오키나와전쟁에서의 '집단 자결'이라는 말이 가리키는 사태의 본질은 무엇일까요? 이에 관해서는 『헌법 9조의 사상수맥』에서 썼던 적이 있습니다만, 그 본질은 군대가 존재하고 활동할 그때, 군대는 무엇을 위해 싸우는가라는 물음에서, 군대는 군대를 위해 싸운다는 답에서 확인되어야 할 터입니다. 저는 우연히 시바 료타로 상을 받게 됐던 일이 있었는데, 시바 료타로는 러일전쟁을 중심으로 『언덕 위의 구름』[<산케이신문> 석간 지면에 1968~1972년까지 1,296회 분으로 쓴 역사소설]을 썼습니다. 그가 러일전쟁에 관해 쓰고자 마음먹은 때는 도치기현 사노에서 살던 22세 때, 종전을 맞이했던 그때의 체험 이후부터였습니다. 그 체험은 『가도街道를 가다』[<주간 아사히>에 1971~1996년까지 연재했던 기행문]의 제6권 '오키나와·사키시마로 가는 길(나하·이토미츠)'[1976]에 쓰여 있습니다. 적이 오키나와로 상륙하자 사람들이 북상해 왔고, 시바 료타로 씨는 자신이 속한 부대[그는 전차부대 예비 사관이었대가 목적지로 급속히 돌진해 들어가면 '피난 중인 사람들은 어쩝니까?'라고 물었다고 합니다. 당시의 도로는 거의 비포장이었고 2차선이 최대한의 도로 폭이었습니다. 그의 질문에 대본영大本營[참모본부]에서 나온 사람은 말했습니다. "치어 죽이며 가라." 시바 료타로 씨는 이렇게 쓰고 있습니다.

그때 느낀 놀라움과 두려움과 절망감, 이로 인해 모든 것을 그만두고 싶어졌던 나의 바보스러움이 이후 나 자신의 일상성까지 바꾸어버렸다. 군대는 주민들을 지키기 위해 있는 게 아니었던가.

그 일 이후 나 자신의 생각이 틀렸음을 알아차렸다. 군대라는 것은 본래부터, 그러니까 본질에 있어서도 기능에 있어서도, 자국의 주민을 지키는 게 아니라는 것을 말이다. 군대는 군대 그 자체를 지킨다. 군대의 그런 본질과 섭리는 동서고금의 군대를 통해 거의 희귀한 예외를 빼고는 모든 군대에 통하는 것처럼 보인다.

(…)

군대행동(작전행동)의 상대는 단일하다. 적의 군대 말고는 없는 것이다. (…) 적의 군대에 이기고자 하는 것 말고는 없는 것이다. 그 외의 다른 무언가를 위한 군대의 기동성이란 없으며, 나아가서는 그 외의 다른 무언가를 위한 사고법이 있어야 할 이유도 없다. (『가도를 가다』 제6권, '오키나와·사키시마로 가는 길'에서)

즉, 군대는 전쟁이 나면 적을 상대로 이기는 일이 최대한의 과제가 됩니다. 따라서 주민이 피난해 오면 '치어 죽이라'고 명령하지 않을 수 없죠. 그것이 군대의 본질입니다. "상비군은 보유해서 될 게 아니다." 이것이 칸트『영구평화론』의 논리였습니다.

오키나와전쟁에서 사람들은 '군·관·민 공생공사共生公死'라는 이름 아래 한 몸이 되어 생사의 갈림길을 강제당하고 있었습니다. 달리 보호 받아 살아 있을 경우에는 스파이로 몰려 죽임을 당했습니다. 항복하는 일도 일체 허용되지 않았습니다. 그러나 하와이 등지에 돈벌이를 나갔다가 돌아온 할아버지들은 다르게 말했습니다. 미군은 그렇게 하지 않는다고, 항복한 사람은 돕는다고 말이죠. 다른 의견을 가진 사람이 집단 속에 있다면 사태는 해결의 길 하나를 갖는 것입니다. 동일한 발상을 가진 사람들만 있다면 그럴 수 없습니다.

학교 교육을 받지 않았던 할아버지들도 주장했습니다. 오키나와에서는 자결을 가장 수치스러운 일로 여긴다고, 그 시체를 무덤에도 넣어주지 않는다는 말이 있을 정도라고, 자신들은 결코 그렇게 하지 않겠다고 말입니다. 그분들은 살아남았던 것이죠. 이는 어떤 특정한 획일적 관점만으로 교육을 행하는 일의 무서움을 가리키며, 그렇게 획일적인 관점을 취하기 때문에야말로 교과서가 문제라는 점을 보여주는 것이기도 합니다. 교과서의 내용을 무시할 수는 없겠지만, 교과서 이외의 관점을 가르치는 일이야말로 실제로는 본래의 교육이 아닐까 합니다. 기준에 맞지 않는 것은 모두 배제하는 교육을 왜 지금 여기서 해야 하는지 의문입니다.

3. 헌법 9조의 현재, 그리고 내일로

1) 문민통제와 문관통제: 방위청에서 방위성으로

지금부터는 '헌법 9조의 현재, 그리고 내일로'라는 테마를 중심으로 말씀드리고자 합니다. 최근 이지스함, 모리야 다케마사 방위청 차관을 포함한 여러 다양한 문제가 일어나고 있습니다. 이 역시 역사적인 문제로부터 생각할 필요가 있습니다. 현행 헌법 제66조 2항에는 "내각 총리대신 및 이외의 국무대신은 문민文民이지 않으면 안 된다"라는, [천황 또는 군부로부터의] 통수권統帥權의 독립을 강조한 이른바 문민통제 조항이 들어가 있습니다. 헌법의 관점에서 말하자면 제9조에 의해 일체의 군비를 행할 수 없으며 직업으로서의 무관(군인)이 있을 리가 없는데 굳이 '문민이지 않으면 안 된다'고 명기해 놓고 있죠. 이는 패전 직후 헌법의 초안 작성 과정에서 중국이나 오스트레일리아가 요구했던 것으로, 그 조항을 넣음으로써 현역 군인이 행정권에 참여할 수 없도록 하려는 장치였습니다.

통수권이란 군대의 행동에 관련된 여러 문제들을 어디까지나 천황에게 전하여 올리는 것으로, 천황과 군대 사이에 그 어떤 정치가도 개입해서는 안 된다는 논리입니다. 헌법 초안에는 '육해군대신陸海軍大臣의 현역 무관제武官制'라는 규정이 있었습니다. 육해군대신을 비롯하여 그 차관은 모두 현역 군인이지 않으면 안 된다는 것으로, 메이지 헌법에도 없는 규정이 밀어넣어져 있었던 것이죠. 만약 군대의 뜻에 따르지 않는 군축을 행하고자 하면, 군대는 스스로를 지키기 위해 '대신이 직위를 사임함'으로써 내각을 무너트리는 방법을 취할 수 있었던 겁니다. 실제로 그런 일이 몇 번씩이나 있었죠. 일본이 전쟁에 돌입했던 요인이 거기에 있습니다. 이런 사정에 관한 반성으로, 국회에서는 내각에 의한 군대의 통제가 필요하다는 논의가 있어왔던 것이죠.

그런데 기묘한 일이 지금 일본에서 일어나고 있습니다. 문민

통제의 '문민'이라는 현행 헌법 규정에 대한 현 행정부의 해석은 '현역 군인이 아니라면 무방하다'는 것으로, 지난 참의원 선거에서는 '사마와 선발대'[2004년 1월 이라크 사마와에 도착한 육상자위대 일부]의 부대장이었던 인물이 참의원에 당선되었습니다. 자위대를 그만두면 정치가든 대신이든 문제될 일이 없게 되는 것이죠. 문민통제란 군대를 국회나 내각이 통제하는 것이지만, '방위성에 속한 현역 자위관을 문관이 통제하면 된다'는 방식, 곧 실질적으로는 문민통제가 아니라 '문관文官통제'가 되고 있는 겁니다. 자위대 26만을 거느리는 일본 최대의 성청省廳 속에 실제로 지휘계통이 어디에서 기능하는지, 어디로부터 지령이 내려오는지를 알기란 어렵습니다. 이는 이지스함 사고 [2008년 2월 어선과 충돌]에서도 분명히 나타난 점입니다. 이시바 시게루 방위대신은 그런 점을 바로잡겠다고 말하고서는, 통합막료장統幕長[일종의 합동참모 그룹]을 모아 '자위관이 적극적으로 정치가에게 지시를 내리고 조언을 행하는 일은 자위관의 최대 책무와 다름없다'고 말했습니다. 그러나 현역 자위관이 정치가에게 어드바이스를 해야 할 책무 따위란 헌법상 있어서는 안 될 일입니다.

한 가지 덧붙일 점은, 방위청에서 방위성으로의 승격이 왜 중요한지에 관한 것입니다. 이제까지 '청'이었을 때는 장관[일종의(일개) '청장']이기 때문에 내각회의에 출석하지 못했으며 재정

결정에도 간여할 수 없었지만, '성'으로 승격된 지금부터는 대신 자격으로서 각의에 출석할 수 있으며 여러 논의에 직접 개입할 수 있게 됐기 때문입니다. 이런 일련의 일들이 현재의 9조 및 해석 개헌의 문제 주변에서 일어나고 있습니다. '문민통제'가 이뤄지고 있다고 생각하기 쉽지만, 오늘날 일본에 '문민통제' 따위란 없습니다.

2) 이라크 파견 중지 소송: 위헌 판결에 대한 대응

그렇게 '문민통제' 따위란 없음을 여실히 보여줬던 일이 지난 4월 17일 이라크 파병 중지 소송에 대한 나고야 고등재판소의 위헌 판결과 관련하여 일어났습니다. 이는 그 판결 다음 날 회견에서 항공자위대 통합막료장이 부대원의 심경을 대변한다고 하면서 '그런 판결은 우리들과 아무 상관없어'라고 발언했던 일로 시작합니다. 위헌 소송과 관련해서는, 행정부가 행한 일에 대해 재판소가 위헌이라는 판결을 내렸을 때, 행정부는 응답할 의무를 갖습니다. 그런데 자위대의 간부를 위시하여 자민당 후쿠다 수상, 이시바시 방위상, 마치무라 관방장관은 위헌 판결을 '방론傍論'[9]으로 치부하여 전혀 개의치 않는다고

⋅⋅
9. 방론(obiter dictum). 소송사건과 직결되지 않는 판사의 부가적인 의견, 혹은 곁가지 논리를 가리키는 말. 반대말은 판결이유(ratio decidendi).

발언했습니다. 이래서는 삼권분립을 취하고 있는 이유가 없습니다. 헌법을 포함하여 '얼빠진 상태'로 빠져들고 있는, 심히 염려되고 두려운 상황이 전개되고 있습니다.

판결의 중요한 골자가 됐던 것은 마치무라 관방장관의 발언, 곧 '이라크에는 민간의 항공기도 취항하고 있으므로 전혀 전투지역이 아니다'라는 말과 동시에 바그다드는 '전투지역'이 맞다고 인정하는 말이 있었기 때문입니다. 2004년 2월 5일에는 바그다드의 공항이 박격포 공격을 받았고 미군 2명이 죽거나 다쳤습니다. 그 공항의 물자 집하 장소로 자위대 C130 운송기가 가고 있었죠. 공항이 공격을 받았을 그때, 운송 지원을 재촉 받았던 당시의 고이즈미 수상은 '바그다드로 비행기를 날리지 않을 수 있는 방법이 있는가, 있다면 그쪽으로 비행기를 날리지 않으면 될 것'이라고 발언하면서 거기가 전투지역임을 알고 있었습니다. 전쟁이 이미 시작됐다면, 비전투지역이나 후방지역 따위의 구분이란 불가능한 것임을 완벽히 인지하고 있었던 것이죠. 9조를 위반하지 않기 위해 군이 비전투지역이라거나 후방지역을 만들고 있었다고 하겠습니다.

법률의 해석에 따르자면 전쟁이란 그 대상을 국가나 국가에 가까운 단체로 설정한 것인바, 이라크 전쟁을 '테러에 대한 전쟁'이라고 말하는 이때, 그런 국가나 단체는 현재 이라크에는 없습니다. 나고야 고등재판소의 이번 위헌 판결은 나가누마

나이키 소송 이래로 35년 만에 내려진 획기적인 판결이었습니다.[10] '평화생존권'을 인정했던 것은 특히나 획기적인 점이었다고 봅니다.

이런 판결이 나오면 자신들의 생각과는 다른 흐름이 발생할 것을 우려하는 권력 쪽의 움직임이 시작되죠. '신세기 안전보장 체제를 확립하는 젊은 의원 모임'이 그런 것입니다. 이는 자민당·공명당·민주당의 초당파 110명 젊은 의원들의 모임으로, 자민당은 전前 방위청장관 나카타니 겐이 고문역, 민주당은 마에하라 세이지 중의원 의원이 주요 멤버입니다. 이 모임은 2001년 테러 특별조치법을 심의하는 과정에서 만들어진 이후 2003년 집단적 자위권의 수정, 이후 헌법조사회, 국민투표법안 등에서도 활동했습니다. 이 모임은 "어느 정당이든 어떤 정권이든 변함없이 실행해가야 할 공통의 기반을 만든다"는 입장, 즉 "자위대를 수시로 파견할 수 있도록 하는 일반법(=항구법恒久法)의 제정을 지향한다"는 입장을 취하고 있습니다. 이제까지와는 달리 아프간에서의 보고도 필요 없으며 문민통제도 작동하지 않고 국제연합의 승인이나 불승인도 아무 관계가 없게

· ·
10. 1969년 홋카이도 나가누마에 항공자위대 '나이키 지대공 미사일 기지 건설'을 위해 농림대신이 국유림 지정 상태를 해제한 일에 반대한 주민들의 행정소송. 그들은 기지에 공익성을 인정하지 않았고 위헌을 주장, 재판소가 이를 받아들였음. 자위대의 합헌성 문제를 제기한 주요 사건.

됩니다. 군비 증강이라는 수단으로 평화적 생존권을 지킬 수 있을지가 문제로 떠오를 것입니다.

3) 전후 60년 국회 결의

세계연방 실현을 향한 국회 결의안, 곧 "모든 전쟁을 회피하고 세계연방의 실현을 향한 길을 탐구하는 등 지속가능한 인류 공생의 미래를 열어젖히기 위해 노력해야 한다"는 결의안을 따라 정부는 노력하기로 하였습니다. 그 결의안 역시도 오노 아즈사(영미법학자)로부터 시작하는, 일본에 흐르는 '사상수맥'의 일환으로 계승된 것이고, 전후 직후부터 교토가 그 역할을 맡아왔으며, 아야베시에서도 결의됐던 적이 있습니다. 그러나 정부는 다만 노력의 의무를 강조했을 따름으로, 구체적인 플랜이 설정되지 않고 있습니다.

4) 헌법 9조를 살려가기 위하여: 부전不戰공동체로서의 동아시아

헌법 9조의 실현은 한국·북조선 등 주변 나라들과 부전공동체로서의 동아시아를 만들 때에 가능해지지 않을까 합니다. 거꾸로 말하자면, 부전공동체가 진척될 때 군사행동이 억지될 수 있을 것입니다. 일본은 '국제연합 중심주의', '대미협력' '아시아 중시'를 전후 외교의 세 기둥으로 삼아왔습니다만, 그것들에 일관되어 있는 점은 '대미 협력'이라는 이름의 대미

종속입니다. 그 연장선에서 집단적 자위권의 인정과 해외 파병의 원활한 수행이 요구되고 있는 것이죠.

9조, 부전공동체, 동아시아를 생각하기 위해서는 '국제연합 중심주의'에 대한 재검토가 필요해집니다. '국제연합 중심주의'를 감안할지라도 '국제연합 지상주의'는 잘못이라고 하지 않으면 안 됩니다. 국제연합은 완전한 게 아니기 때문입니다. 「국제연합헌장」을 예로 들 수 있습니다. 이것은 1945년 전쟁 와중에 만들어졌던 규약으로, 전쟁에 대한 연합군의 방침이 됐습니다. 일본국 헌법은 그 규약이 만들어지고 난 1년 뒤의 히로시마·나가사키 30만 사람들의 희생 위에서, 아시아에서의 평화적 생존권을 전망하며 만들어졌던 것입니다. 바로 그 「국제연합헌장」 속에는, 모든 무력의 행사·위협을 금지하지만 동시에 개별 자위권 및 평화자위권은 임시적·긴급조치적인 것으로 규정되어 있습니다. 국제연합군의 상시 존재는 이상한 것이라고 말하지 않으면 안 됩니다. 아프간에서도 국제연합군의 활동을 영속적인 것으로 상정하고 있지는 않았습니다.

안전보장이사회의 문제 역시도 그것이 이사국 위주의 기구라는 점에 있으며, 강대국의 거부권이 발동되면 기능이 멈추는 등, 오늘날의 일본이 이사국에 들어갈지 어떨지를 포함하여 검토해야 할 과제가 되고 있습니다. 일본의 헌법을 아시아 지역에서 어떻게 지켜갈 수 있을까, 라는 문제설정 속에서,

냉전 이후에도 이어지고 있는 종군위안부 및 오키나와 문제 같은 전후 처리의 일환으로서의 아시아 문제를 다름 아닌 역사인식의 문제로 다시 제기하고 사고하지 않으면 안 될 것입니다. 헌법 9조를 살려나가기 위해 부전공동체로서의 동아시아를 만들어야 할 필요와 이유도 거기에 있다고 하겠습니다.

끝내며: '진부한 말'과 '자행화타自行化他'에 관하여

끝으로 인용해보고 싶은 것은 나카에 초민과 루쉰의 말입니다. 제 책상 맡에 붙여두고 있는 문장들이기도 합니다. 오늘 이야기의 서두에서는 말을 가진 인간의 능력에 관해 언급했습니다만, 말을 매개로 행하는 사상이나 윤리의 힘을 믿지 않는다면 현실에 의해 타격을 입고 기력을 잃어버리고 말 것입니다. 그렇게 내일의 자기는 오늘의 자기보다 비참해지고 맙니다.

['평화'라는 것은] 이론 그 자체인 채로 소멸해버린 것이기에, 말言辭로서는 극히 진부할지라도 실행으로서는 신선하다. 그렇게 실행으로서는 신선한 것이 이론으로서는 진부해진 것은 과연 누구의 죄인가. (나카에 초민, 『일년유반一年有

牛』[1901] 부록에서)

생각하건대, 희망이란 딱히 정의할 수도 없는 것이지만 존재하지 않는다고 말할 수도 없는 것이다. 희망이란 정확히 땅 위의 길과도 같다. 땅 위에 본디 길이란 없었다. 걷는 사람이 많아지면 거기가 길이 된다. (루쉰, 「고향」[1921]에서)

아시오 광독 사건으로 싸움에 나섰던 다나카 쇼조는 무전無戰주의를 주장했었습니다. 그는 말합니다. 말과 이념으로 싸우는 것이라고, 왜냐하면 인간은 짐승이 아니기에 힘으로 짓뭉개는 게 아니라 말로 싸운다고 말입니다. 인간이 지나온 여러 세기 역사의 폭에서 보자면, 현실에 무관심해서는 안 되겠지만 그렇다고 눈앞의 것에만 붙들려서도 안 될 것입니다.

일본국 헌법은 메이지 헌법을 개정하여 탄생했습니다. 메이지 헌법은 미래·영겁의 시간 동안 변하지 않으리라고 여겨졌지만, 오늘날 여기의 헌법으로 바뀌어 있습니다. 메이지 헌법보다 더 긴 시간 지속되는 헌법으로 존재하고 있는 것이죠. 그 헌법은 60년 전까지의 인류에게는 불가능한 것이었던 완전 비무장의 조항을 품고 있습니다. 어느 때, 생각지 못한 국면에서 역사가 전개되는 일이 있을 수 있죠. 1989년 베를린 장벽이 그랬습니다. 그렇기에 거꾸로 오늘의 상태가 내일 당장에 뒤바

꿜 위험 역시도 있다고 하겠습니다.

인류는 바통터치를 하면서, 수 세기에 걸쳐 어떤 희망을 갖고 걸어왔습니다. 루쉰이 말하듯이 거기에 '본디 길이란 없었'지만, '걷는 사람이 많아지면 거기가 길'이 되는 것이죠. '자행화타自行化他'라는 것은 자신이 행하지 않으면 타인은 변하지 않으며 변할 수 없다는 뜻입니다. 자신에게 가능한 일을 하고, 자신이 변한 것을 타인에게 보일 때에 비로소 타인이 바뀔 여지가 생겨나는 것일지도 모르겠습니다. 목표를 설정하고 그 목표를 향해 걸어간다면 길이 만들어지지 않을까요? 『헌법 9조의 사상수맥』이라는 책에서 말하고 싶었던 것도 바로 그 점이었습니다.

싸우지 않는 쪽을 선택하는 것은 대단히 허약하게 보일지 모릅니다. 싸우는 쪽을 택하는 것은 믿음직하고 늠름하게 보일지 모릅니다. 그러나 싸우지 않는다는 허약한 선택 역시도 인간의 이성이라고 볼 수 있겠습니다. 그 점을 언급한 것으로 오늘 이야기를 끝내고 싶습니다. 감사합니다.

제4장

일본 비폭력 사상의 수맥과 그 전개

저는 사상사 연구를 30년 정도 해왔지만, 이번에 '비폭력'이라는 주제로 이야기할 자리가 주어져 새삼스레 '폭력이란 무엇이고 비폭력이란 무엇인가'를 생각해보는 좋은 기회가 되었습니다. 오늘은 강연이라기보다는 여러분과 더불어 폭력/비폭력에 관해 생각하고, 거기에서 '평화'를 어떻게 도모하면 좋을지에 관해 함께 전망해보는 그런 시간이 되었으면 좋겠습니다.

예컨대 우리들은 곧잘 간디의 '아힘사'라는 것에서 '비폭력'을 떠올리곤 하죠. 힌두어 '힘사'란 '상해傷害', 곧 사람을 상하게 만드는 것을 말하는데, 거기에 부정을 뜻하는 '아'를 붙여 '아힘사' '비폭력'이 된 것이죠. 그렇다면 '상해'란 무엇일까요?

전쟁 같은 물리적 폭력으로 사람을 상하게 만드는 것이 상해이며 폭력이라는 건 쉽게 알 수 있지만, 그 외에 다른 폭력은 없을까요? 즉, 물리적인 힘을 사용하지 않는 폭력은 존재하지 않는 걸까요? 만약 그런 폭력이 있다고 한다면, 그럼 비폭력이라는 것은 어떻게 생각하면 좋을까요?

시민적 불복종, 그것만이 비폭력인가

우리들이 흔히 '비폭력'으로 떠올리는 것은 유럽의 사상사에서 말하는 '시민적 불복종', 시빌 디스오비디언스civil disobedience의 사고방식입니다. 즉, 모종의 법률이나 정부 및 지배적 권력의 명령에 따르지 않는, 비폭력적 수단을 통해 그런 명령을 적극적으로 거부하는 방식이죠. 마하트마 간디의 '소금 행진'으로 시작된 영국제국으로부터의 독립운동, 그리고 남아프리카 넬슨 만델라로 대표되는 반反아파르트헤이트[반-인종 분리/차별(의례짐)] 투쟁, 미국 마틴 루터 킹 목사의 1960년대 공민권 운동 등이 거론될 수 있을 겁니다. 간디의 비폭력 사상은 본디 고대 인도의 사상에 근거해 있고 동시에 미국의 사상가 데이비드 소로의 시민적 저항 사상을 간디 자신이 다시금 소화했던 것이라고도 말하죠.[1] 일본에서는 그런 일련의 운동을 '시민적

불복종'이라고 부르고 그 방법을 '비폭력적인 사상'으로 사고
해왔습니다.

오해가 없도록 다시금 말씀드리고 싶은데, 저는 그런 사상이
유럽에서 태어났는지 아시아에서 태어났는지를 문제 삼고
있는 게 아닙니다. 어떤 나라, 어떤 시대의 사상이든지 우리들
은 인류의 일원으로서, 그 지적 유산의 계승과 관련된 권리와
의무를 갖는다고 생각합니다. 이를 전제로 하여, 그렇다면
동양, 좁게는 동아시아에 그런 비폭력의 사상이나 그것과 비슷
한 사상은 없었을까요? 예컨대 시민적 불복종으로서의 비폭력,
혹은 저항 정신의 입장은 합법성이나 정당성을 결여한 물리적
강제력을 다름 아닌 폭력으로 규정했습니다. 강제력을 사용하
여 자신의 뜻에 복종시키는 것이 폭력이라고 한다면, 그런

• •

1. '소금 행진(Salt Satyagraha)'은 영국의 식민지 인도에서 소금세 폐지를
   내걸고 1930년 3월 초순부터 4월 초까지 벌어졌던 행진(사티아그라하)
   운동. 간디와 함께 80명이 걸었던 것에서 시작해 6만으로 불어났던, 일종의
   불복종적 장정(長征). 390킬로를 행진했다. '아파르트헤이트(Apartheid)'는
   남아프리카 공화국의 극한적 인종차별 정책 및 제도를 통칭하는 말. 분리·격
   리를 뜻하는 아프리칸스어. 국역본으로 참고할 수 있는 것으로는, 헨리
   데이비드 소로, 『시민의 불복종』, 강승영 옮김, 은행나무, 2017; 마하트마
   K. 간디, 『간디의 도덕·정치사상』(3권 비폭력 저항과 사회변혁), 라가반
   이예르 엮음, 허우성 옮김, 나남출판, 2018; 마틴 루터 킹, 『나에게는 꿈이
   있습니다』, 클레이본 카슨 엮음, 이순희 옮김, 바다출판사, 2018; 넬슨
   만델라, 『만델라 자서전: 자유를 향한 머나먼 길』, 김대중 옮김, 두레,
   2006.

폭력이 없는 상태가 '비폭력'이라고 정의할 수 있게 되는 것이죠.

　그것을 종교적·철학적으로 생각한다면, 예컨대 불살생不殺生같이, 살아 있는 것을 죽이지 않는다는 노–킬링no killing 역시도 '비폭력'이라고 할 수 있겠습니다. 사회 속에서 살해당할 위협이나 살생을 조장하는 상황이 없는 상태 또한 '비폭력'이라고 말할 수 있을 겁니다. 나아가 인간이 자연의 일부라고 한다면, 폭력·비폭력은 인간과 인간의 관계에만 존재하는 게 아닐 것입니다. 살아 있는 모든 것, 동물·식물을 포함해 자연에 대해 인간이 인위적으로 행사하는 것 역시도 폭력이 됩니다. 이런 여러 사안들을 포함하여 제게 마키구치 쓰네사부로의 『인생지리학』[1903. 저자는 니치렌(日連) 종교가, 창가학회(創價學會) 설립자, 치안유지법 위반 및 불경죄로 검거, 1944년 옥사]은 사물을 근저로부터 다시 생각하게 만드는 저작이었습니다.

　비폭력에 관하여 유럽적인 '불복종' 이외의 사고방식은 어떤 것일지에 대해 짧게 언급해보았습니다. 다시 상기하게 되는 것은 '불살생계戒', 그리고 '훈화薰化[덕의 함양으로 사람을 인도함]'입니다. '훈화'란 중국의 사상서 『채근담菜根譚』[홍자성, 1590]에서 다음과 같이 말하고 있습니다. "사기꾼을 만나면 성심으로써 감동시키고, 난폭한 사람을 만나면 화기和氣로써 훈증薰蒸시킨다." 이 '훈증[더운 연기로 찜]'한다는 것이 곧 '훈화'입니다. 문장의 뜻을

알기 쉽게 말하자면, '사람을 속이거나 기만하는 사람과 만나면 오롯이 진심으로 접촉하고 성심誠心을 다함으로써 상대방을 바꾸어간다'는 뜻이 되겠죠. 결코 힘을 사용하는 게 아니며, 성의誠意를 통해 상대의 변화를 도모한다는 겁니다. 이어지는 문장을 풀어 다시 말하자면, '무도한 폭력을 쓰는 사람을 만나면 그 폭력에 대항하는 게 아니라 전심전력을 다해 상대를 진지하게 이해하려는 온화함의 기운으로 대하라는 것'이고, '그럼으로써 마치 격조 높은 향내[薫り]가 악취를 제거하면서 스며들어가듯이 상대를 바꾸어간다'는 게 됩니다. 이를 '훈화'라고 합니다. 나중에 다시 한 번 언급하고 싶은 대목인데, 중요한 개념이 아닐까 합니다.

그렇게, 폭력에 맞서 폭력으로 대항하는 게 아니라, 상대가 이쪽을 상하게 만들려고 하면 할수록 성심성의를 다해 접촉하여 상대를 바꾸고 그럼으로써 그 폭력을 억지하는 방식을 생각했던 것이라고 하겠습니다. 그러면 아무리 길을 잘못 든 사람들일지라도 반드시 바른 길正道로 돌아가리라는 생각이 『채근담』의 사상에 들어 있는 것이죠. 나아가 『채근담』은 인간 대 인간의 관계만이 아니라 자연과 인간이 맺는 관계에 대해서도 동일하게 생각하고 있습니다.

이와 관련하여 예컨대, 『정법안장 수문기正法眼藏隨聞記』[2] 등을 보면 도겐 선사禪師는 다음과 같이 말하고 있습니다. "타인이 자신을 죽이려고 할지라도 그에 대해 자신은 보복하지 않으리라고 결심한다면 몸을 지키고자 조심하지 않아도 되며 도적에 대한 불안도 없어지는바, 언제나 안락하게 있을 수 있다." 이는 깨달음의 경지일지도 모르지만, 상대가 악하다고 해서 그에 보복하고자 한다면 이미 그 단계에서 자신 역시도 악하게 되고 만다는 점을 알려주고 있으며, 따라서 그런 상태를 피하지 않으면 안 된다는 생각이 표시되어 있다고 하겠습니다.

저는 『헌법 9조의 사상수맥』이라는 책을 냈던 적이 있습니다. 그 책의 집필 동기 가운데 하나는 마음에 줄곧 남아 있던 어떤 응어리 같은 것이었습니다. 그것은 어린 시절, 모기 한 마리 죽이는 일을 두고 화를 내던 아저씨가 근처에 있었고, 그분에게 '모기를 죽여선 안 된다'는 말을 자주 들었던 일이었습니다. 저희들이 어렸을 때는 모기장을 치고 살았는데, 그것은 매일 아이들이 해야 할 일로, 저는 키가 작아서 곤욕이었던 기억이 있습니다. 모기장은 벌레를 죽이는 게 아니라 살려가면

• •

2. 일본 조동종(曹洞宗)의 개창자인 승려 도겐(道元, 1200~1253)이 1231년부터 1253년까지 썼고 95권에서 중단된 『정법안장』을 중심으로, 그의 불교사상에 관해 제자이자 시자(侍者)였던 고운 에죠(孤雲懷奘, 1198~1280)가 3년 동안 묻고 들었던 것을 현장감 있는 일상어로 기록한 저작. '정법안장'이란 부처가 깨달은 비밀스런 궁극의 의미로서 직지(直指), 인심(人心), 견성(見性), 성불(成佛)의 이치를 말함. 국역본은 도겐, 고운 에죠, 『정법안장 수문기』, 이재경 옮김, 동국대출판부, 2006.

서 사람들도 함께 사는 문화의 표상이었다는 생각을 지금 하게 되지만, 어쨌든 그때 모기를 죽여선 안 된다고 말하던 사람이 있었습니다. 그분은 물고기를 잡더라도 '먹을 게 아니면 돌려보내야 한다'고도 곧잘 말했습니다. 그러나 동시에 그분은 다음과 같이 말하기도 했습니다. '실은 나 자신이 중국 전선戰線에서 그런 식으로 사람을 죽여왔다.' 어린 저는 그 말뜻을 줄곧 알 수 없었습니다.

즉, 일본인이 '한 치 벌레에도 다섯 푼의 혼五分の魂이 있다'고 말하면서 일상생활 속에서는 생명을 자애慈愛하면서도, 다른 한편으로 전쟁에 나가서는 어찌 그리도 잔학한 짓을 아무렇지도 않게 저지르는가라는 의문. 이는 동일한 한 사람 속에서 결코 모순되거나 충돌하는 두 갈래가 아닙니다. 그 근저에는 사람을 전쟁으로 내몰아 닦달하는 시스템이 있다는 생각, 평상시에는 불살생이 자연스레 몸에 배인 사람일지라도 전장이라는 장소에서는 귀신으로 만들고 마는 시스템이 있는 게 아닐까라는 생각을 했었습니다. 그렇게 일본은 청일전쟁 이후 1945년까지 거의 10년마다 전쟁을 치렀습니다. 일본인은 진정으로 호전적인 민족인가라는 의문이 제게는 모종의 과제로 남아 있었던 것이고, 그런 사정을 다시 한 번 제대로 검토해보고 싶다는 생각이 『헌법 9조의 사상수맥』을 썼던 동기 가운데 하나였습니다. 즉, 일본인은 결코 전쟁에만 광분했던 게 아니며

오히려 어떻게 하면 전쟁을 멈출 것인지를 열심히 생각해왔던 게 아닐까, 그것은 분명 큰 힘은 되지 못했지만 지하 수맥 속으로 흐르면서 지금 여기의 우리에게로 흘러들고 있는 게 아닐까 생각해보았던 것입니다.

그런 뜻에서 오늘은 '비폭력'이라는 것을 '비전非戰'과 '평화'에 관계시켜 생각해보고 싶습니다. 비폭력이라고 할지라도 그 속에는 비폭력의 '사상'이라는 문제와 폭력을 멈추게 하는 '시스템'의 문제가 있다고 하겠습니다. 그저 마음가짐의 문제만으로 마무리되어서는 안 될 터이며, 어떻게 해야 사회로부터 폭력과 전쟁을 없애 갈 수 있을지, 이를 위해서는 어떤 방향을 취해야 좋을지 함께 생각해보고 싶습니다.

1. 막부 말기 및 메이지 전반기의 비폭력 사상

일본이 세계의 돌보미가 되어야 함

일본 혹은 아시아의 역사를 돌아보면 비폭력으로 이어지는 사상이 있습니다. 예컨대 막부 말기에 활약했던 사상가들 가운데 요코이 쇼난이라는 사람이 있습니다. 히고肥後 구마모토번藩 출신의 유학자였습니다. 그는 '사해동포주의四海同朋主義'를 주장했었습니다. 이는 유교에 있는 보편주의적인 사고방식으로,

국경 같은 것에 관계없이 세계의 인간이란 모두 평등하며 동포 곧 형제라는 주장입니다. 동시에 그는 그런 사상을 솔선하여 실행하고자 했습니다. "요순·공자의 길을 밝히고 서양 기계의 방도術에 힘쓴다. 어찌 부국富國에서 멈추겠는가, 어찌 강병强兵에서 멈추겠는가. 대의를 사해에 펼칠 따름."[쇼난이 형제들에게 보냈던 한시] '사해' 곧 '세계'에 대의를 확산시켜 가리라는 것. 요순·공자의 인정仁政, 평화의 길, 도의道義를 밝히고 그것을 세계로 확산시켜 가는 일이 일본인의 사명임을 당대에 제창했던 것이죠. 너무도 잘 알려진 '부국강병'이라는 사고방식도 쇼난의 그런 맥락에서 시작된 것입니다. 즉, 단지 도의적으로 올바른 것만으로는 대의를 세계에 펼치기 어려우므로, 상대방에게 공격을 받을 경우에는 맞서서 지키되, 그것은 세계에 평화를 호소하기 위한 전제 위에서의 행위이지 부국강병 그 자체가 목적은 아니었음에 주목할 필요가 있습니다.

요코이 쇼난은 일본이야말로 "세계의 돌보미世話役"가 되지 않으면 안 된다고 말합니다. 이를 위해서는 일본이 먼저 솔선하여 침략적 군병을 철폐하고 어디까지나 전수방위專守防衛에 철저할 필요가 있다고 주장합니다. 동시에 일본만이 아니라 미국을 향해 "함께 전쟁 폐지에 나서자"고 호소했는데, "미국과 협의하여 전쟁의 해악을 더 많이 제거해야 한다"는 게 그의 생각이었습니다. 이런 발상은 막부 말기라는 특정 시점에서

볼 때 대단히 기이하게 여겨질지도 모르지만, 쇼난은 보통사람과는 달리 생각했던 사람이었습니다. 그와 교류가 있던 가쓰가이슈는 『빙천청화氷川清話』[1898. 저자는 막부 말기 미국 파견 사절, 메이지 정부 초대 해군경(海軍卿)]에서 이렇게 말합니다. "나는 세상에서 두 명의 두려운 사람을 보았다. 요코이 쇼난과 사이고 다카모리가 그들이다." 그러고는 쇼난의 사상이 사이고에 의해 실행됐더라면 막부는 무너졌겠지만 일본은 훌륭한 나라가 됐을 것이라고 보았습니다.[3] 쇼난은 메이지 유신 직후 암살되고 말았으므로, 그의 사상이 유신 이후 곧바로 활성화되지는 못했습니다. 그러나 쇼난의 사상은 그에게서 배웠던 유리 기미마사의 「5개조 서약문御誓文」, 곧 "모든 일은 공론에 부쳐 결정할 것"이라는 문구로 계승되었고, 사카모토 료마를 비롯하여 이후의 문학자 도쿠토미 로카 등 도쿠토미 집안사람들에게도 큰 영향을 주었습니다.

'세계합중정부'와 '세계헌법'의 구상

이어 말씀드릴 사람은 오노 아즈사[영미법학자, 『국헌 범론(国憲汎

● ●

3. 메이지 10년(1877) 사이고 다카모리(西鄕隆盛, 1827~1877)는 스스로 맹주가 되어 일본 열도의 서남쪽에서 메이지 정부의 전복을 목표로 세이난전쟁(西南戰爭)을 일으켰다. 그 전쟁은 최대 규모의 무장 사족(士族) 반란, 혹은 일본 최후의 내전이었다. 이를 염두에 둔 것이 사이고와 쇼난을 교차시켜 비평하고 있는 가쓰 가이슈의 말이다.

論)』(1882~1885)의 저재입니다. 현 와세다대학의 전신 도쿄전문학교를 만든 실질적인 중심 인물입니다. 흔히 오쿠마 시게노부가 만든 것으로 여기고 있지만, 실제로 학교의 제도, 건학의 정신 등을 만든 것은 오노 아즈사입니다. 그는 19세에 중국 상하이에서 사람들이 대단히 억압받고 있는 식민지의 실황을 보았습니다. 이 경험 속에서 대국·강국의 부정의를 중단시키기 위한 방법을 고민했고, '세계대합중국宇內大合衆國 정부'라는 것을 만들어야 한다고 생각했습니다. 세계의 현철賢哲이 모여 '일대 합중정부'를 만들어야 한다는 세계정부 구상, 세계연방론을 호소했었던 것이죠[4] 알고 계시듯이, 일본의 국회는 전후 60년 동안 세계연방을 만드는 일을 과제로 삼아 노력하고 있는바, 1949년 초당파적으로 양원 의원 모두가 참여한 '세계연방 일본국회위원회'가 결성된 이래로 현재까지 활동이 이어지고 있습니다. 이는 오노 아즈사가 메이지의 출발점에서 제언했던 것이라고 하겠습니다.

다음으로는, 나카무라 마사나오[계몽사상가·교육재입니다. 『자유지리自由之理』[1872, 존 스튜어트 밀 『자유론』의 번역서]와 『서국입지편西

• •
4. 여기까지는 『구민론(救民論)』(상하이의 하숙에서 썼던 세계연방론)과 오노의 다른 저작 『우내합중정부론(宇內合衆政府論)』(메이지 3년, 1870)의 골자. 기타 키워드들로는 "우내생민(宇內生民)", "상생상양(相生相養)", "천부인권" 등.

國立志編』[1871. 새뮤얼 스마일스『자조론』의 번역서] 등의 번역을 통해 메이지 시대의 인간에게 커다란 영향을 줬던 인물입니다. 그 역시도 국경에 의해 세계의 사람들을 우열·강약으로 규정하는 사상을 문제가 많은 것이라고 생각했습니다. 유럽 사상의 영향도 있었지만, 그는 인간이란 "세계동향인同鄕人"이라고 말합니다. 결코 민족이나 국경에 의해 이격되는 것이 아니라는 말이죠. 모든 사람이 평등하게 세계의 동향인으로서 평화를 만들기 위해 노력해야 한다고 주장했습니다. 그는 '동인사同人社'라는 학원을 만들기도 했는데, 일본에서 처음으로 여성 교육을 시작했던 사람이기도 합니다. 좋은 아내나 현명한 어머니를 만드는 일이 좋은 나라를 만드는 일로 이어지고 좋은 사회를 만드는 기초가 되리라고 생각했고, 일찍이 메이지 7~8년 단계에서 여성 교육을 시작하면서 동인여자학교 개설에 착수했습니다. 그의 '현모양처론'이라는 사고방식은 여성을 가정에 틀어박히게 하는 것이므로 분명 문제가 있지만, 가정이라는 것, 어머니라는 것, 아내라는 것의 사회적 건설을 지향했던 점은 다시 생각할 필요가 있습니다. 이것이 조선에서의 '현처양모론'이나 이후 아시아로부터의 유학생들을 통해 점차 확산되어 갔습니다.

나아가 우에키 에모리가 있습니다. 그는 자유민권운동 속에서 지도적인 역할을 맡았습니다. 그가 생각했던 것은 "우내宇內 무상헌법無上憲法[세계지고헌법]"["만국공의(萬國公議)정부"와 함께 우에키『무

상정법론(無上政法論)』(1883)의 키워드]으로, 이는 세계헌법론입니다. 세계의 헌법을 만듦으로써 전쟁을 없애자는 발상이죠. 동시에 그는 인민의 '저항권'이라는 사상을 품고 있었습니다. 앞서 말씀드린 시민적 불복종의 사상이죠. 즉, 헌법에 의해 정해진 인민의 권리를 혹여 정부가 침해하는 일이 발생할 때 인민은 정부에 저항할 수 있는 자연적 권리를 가졌다는 생각입니다. 정부가 올바른 일을 행한다면 반항하지 않겠지만 정부가 틀렸을 때는 반항하는 것 자체가 시민의 권리라는 사고방식인 것이죠. 이에 관해서는 의견들이 분분한데, 이 사상 자체가 좋은지 어떤지는 별개로 하고, 당대에 우에키가 그런 사고방식을 갖고 있었던 것은 주목을 요합니다. 이 역시도 비폭력 사상의 한 가지 표현이라고 하겠습니다.

비무장의 '바람'이 됩시다

이어 말씀드릴 것은 자유민권운동의 이론가였던 나카에 초민의 『삼취인 경륜문답三醉人経綸問答』[1887; 수유+너머 일본근대사상 팀옮김, 소명, 2005]이라는 유명한 책입니다. 이는 서로 다른 입장의 세 사람이 가공의 토론을 행하는 형식인데, 그 가운데 '양학신사洋學紳士'라는 사람이 있습니다. 그가 유럽의 생–피에르나 칸트의 영구평화론을 참고하면서 주장하는 것이 이른바 완전 비무장 국가로서의 일본입니다. 양학신사는, 그렇게 완전 비무장이 되면 다른 나라가 공격해오지 않겠는가라고 우려하는 자가 있지만, 그렇지 않다고 말합니다. 만약 일본이 군부에 쓰고 있는 돈을 문화국가의 건설에 쓰거나 타국의 철도 건설 및 과학의 진보를 위해 쓴다면, 그런 문화적 국가를 공격한 나라야말로 세계의 비난 속에서 살아남을 수 없으리라고 말하는 것이죠. 이는 '문화국가건설'이라는 사고방식인데, 알고 계시듯 그것은 전후의 일본이 취했던 방식이었습니다[난바라 시게루 도쿄대 총장이 그 중심]. 예컨대 미국은 교토를 폭격하지 않았습니다. 이런 식의 말이 좋을지 어떨지 모르겠으나, 세계적인 문화재 도시로서의 교토를 폭격해버리면 문화 파괴자로서 영구히 비난받게 될 것이었고 이를 두려워하여 교토를 파괴하지 않았다는 말을 실제로 듣게 됩니다.

"우리는 바람이 되자"고 나카에 초민은 말합니다. 총은 물론이고 촌철寸鐵 하나 몸에 지니지 않고 바람이 되자는 것입니다. 즉, 상대방이 칼을 휘두를 때에도 어디까지나 도의와 예의로 맞이한다는 것, 바람은 칼로는 자를 수 없다는 것. 이와 달리 이쪽이 칼을 지니고 있다면 칼과 칼의 싸움이 되겠지만, 그렇지 않고 이쪽은 바람이므로 자를 수가 없으며, 그럴 때 상대방은 마음으로 수치를 느끼면서 어찌해야 좋을지 곤란에 빠질 것임에 틀림없으리라는 것입니다. 물론 그 경우, '상대방이 만약 그렇게 되지 않으면 어쩔 것인가'라는 반론이 뒤따르겠으나,

그런 비폭력의 사상을 품은 사람이 없지 않았다, 있었다는 점, 그리고 그것이 사상의 저류로 흐르고 있다는 점을 눈여겨보게 됩니다.

2. 청일·러일전쟁과 비전론非戰論

여기까지는 아직 일본인이 전쟁을 체험하지 않은 시대의 이야기였습니다. 그런데 일본은 1894년 이래 청일·러일전쟁을 거듭합니다. 그 와중에 전쟁에 대한 '비전론'이 나타나게 되죠. 특히 러일전쟁이 발발했을 때가 그러합니다. 청일전쟁에 대해서는 대부분의 사람들이 반대하지 않았습니다. 유일하게 반대했던 이는 가쓰 가이슈입니다. "조선은 재생을 시도하고 있는 민족이고, 이와 관련해 일본이 개입할 필요는 없다. 중국은 계속 선생님師匠으로 삼아 배워야 할 나라이다. 그런 나라에 일본이 군대를 보내는 것 자체가 은혜를 잊은 행위이다. 오히려 중국과는 무역을 통해 서로 돕는 쪽이 훨씬 더 뜻깊다"라는 취지로 말했었죠. 후쿠자와 유키치가 청일전쟁을 "문명과 야만의 전쟁"[<시사신보(時事新報)> 1894년 7월 29일자에 그가 썼던 사설 제목]이라고 불렀던 것을 정점으로, 가이슈 이외의 사람들은 거의 대부분 청일전쟁을 지지했던 것입니다. 러일전쟁의 국면에서는 비전론으로 바뀌어 있던 우치무라 간조마저도 "청일전쟁은 의로운 전쟁義戰"[5]이라고 말했을 정도입니다. 그러나 이후 그것이 잘못된 생각임을 우치무라는 알아차리게 되죠.

톨스토이와 평민사平民社의 교류

참고로 비전론, 즉 '전쟁을 하지 않음'이라는 것과 관련하여 생각해야만 하는 점은 '왜 전쟁이 일어나는가'라는 원인의 문제입니다. 거기에는 두 가지 사고방식이 있습니다. 하나는 「유네스코헌장」['국제연합 교육과학문화기구(UNESCO) 헌장'(1953) 전문]에 제시되고 있는, "전쟁은 사람의 마음에서 생겨나는 것이므로 그 마음속에 평화의 보루를 쌓지 않으면 안 된다'라는 관점입니다. 알고 계시듯이, 미국이 거의 10년마다 전쟁을 벌이는 것은 새로운 병기로 기존의 병기를 대체하기 위해서라고 말하는 사람도 있습니다. 군대와 산업이 일체가 된 군산복합체라는 것이 존재하고 있으므로 전쟁이 일어나지 않을 수 없다는 것이죠. 일본에서도 그런 발상이 있었습니다. 러일전쟁의 비전론으로 유명한 고토쿠 슈스이나 사카이 도시히코 같은 사회주

5. 이런 논조는 '세계역사의 추세'라는 키워드와 더불어 「일본국의 천직(天職)」 (1892)에서 영어로 쓴 「Justification for the Korean War」(1894년 8월) 및 그것의 일어본 「청일전쟁의 의(義)」(1894년 9월)를 관통한다. 이는 무교회주의의 창시자 우치무라가 말하는 예수(Jesus)와 일본(Japan)의 상보성 혹은 상호근원성, 이른바 '두 개의 J'에 뿌리박은 것이다.

의자들의 논리가 그렇습니다[고토쿠와 사카이는 비전론을 발신하기 위해 '평민사'를 창업하고 주간지 <평민신문>을 발간했음]. 그들은 전쟁을 자본가가 자신의 이익을 위해 일으키는 것으로 규정하고, 자본주의적인 사회 구조 자체를 바꾸지 못하면 전쟁은 끝나지 않으리라고 생각했습니다.

그런 관점을 부정했던 사고방식을 보여준 이가 톨스토이입니다. 그가 쓴 논설 가운데 「Bethink Thyselves!」가 있습니다. '당신 스스로 회개하라!' 혹은 '반성하라!'는 뜻인데, 영국 <런던 타임스>에 기고됐습니다(1904년 6월 28일자). 이 글의 번역은 우선 도쿄 <아사히신문>에 게재되는데, 곧이어 고토쿠 슈스이와 사카이 도시히코에 의해 글 전체가 번역되어 평민사의 <평민신문>에 실렸습니다(1904년 8월 7일). 이렇게 실제로는 1904년부터 1905년까지의 러일전쟁 시대에는 세계가 대단히 좁아져 있었습니다. 예컨대 일본에서 평민사 사람들이 비전론을 쓰면, 그것이 태평양 너머 미국으로 건너가 미국 사회주의자들 사이에서 영어로 번역되었고, 유럽으로 가게 되며, 이어 독일어로 번역되고 러시아로 이동합니다. 실제로는 1개월 정도 만에 러시아 사회주의자와 평민사 사이에는 전쟁이나 혁명을 둘러싼 의견 교환이 진척되는 것이었죠. 20세기라는 시대는 그렇게 세계적인 사상 연쇄의 동시화가 크게 진행되던 시대였는데, 저간의 사정은 그런 전형적인 사례라고 하겠습니다.

평민사에서는 전쟁의 원인을 자본주의라고 생각했지만, 톨스토이는 '그렇지 않다'고 주장했습니다. 전쟁의 원인은 어디까지나 사람의 마음에 있다는 사고방식이었죠. 그는 이제 '인류의 우매화, 짐승화'가 일어나려고 한다는 점에 우려를 표했습니다. '멀리 떨어져 있기를 수천 리', 일본은 살생을 금하는 불교도 쪽이었고 러시아는 박애를 표방하는 그리스도교도 쪽이었습니다. 그 둘이 왜 전쟁을 벌이는지에 관하여 톨스토이는 따져 물었던 겁니다. '스스로 다시 한 번 반성하시길, 다시 한 번 고쳐 생각하시길 바랍니다'라고 톨스토이는 호소하였습니다.

전쟁이라는 것은 자신이 전혀 모르는 사람과 어느 날 전장에서 조우하여 상대방을 죽이는 일이므로, 이것 이외에 달리 으뜸가는 폭력은 없을 것입니다. 즉, 특정한 원인에 의해 상대방에게 원한을 품거나 어떤 상호관계성 안에서 서로 싸우는 것이라면 아직은 인간적일지 모르겠으나 전쟁은 결코 그럴 리가 없는 것이죠. 서로 완전히 모르는 사람, 얼굴 한 번 본 적이 없는 사람들이 전장에서 서로를 죽이는 겁니다. 이런 비인간적인 일이 달리 있겠는가, 톨스토이는 의문을 가졌습니다. 그런 의문과 발상에서 톨스토이는 전쟁을 멈추는 일도 인간밖에는 할 수 없는 일이라고 생각했습니다.

그런 사상을 실제로 실천했던 사람들이 있었습니다. 두호보르 교도이죠.[6] 그들은 징병에도 일체 응하지 않았고 주어진 무기도 전부 불태웠습니다. 여러분께서 아시는 톨스토이의 대하소설 『부활』[1898~1899]의 저작료는 두호보르 사람들을 캐나다로 이주시키기 위해 제공되었습니다. 톨스토이는 그렇게 '무기를 불태우는' 행위를 지지했고, 바로 그것을 실천하고자 했습니다. 메이지의 사람들은 그런 두호보르 사람들을 알고 있었는데, 그들이 그런 활동을 하고 있다는 사실이 우치다 로안[평론가·소설가·번역가]을 위시하여 <평민신문> 등에 의해 소개되었기 때문이죠. 흔히 톨스토이의 사상을 '절대 비폭력의 사상'이라고들 합니다. 폭력을 일체 사용하지 않는다는 것이고, 어디까지나 마음에 의한 감화에 근거한 것이므로, '절대 비폭력'이라는 이름으로 부르는 것이죠.

"짐승의 길에서 죽으라"

여러분께서는 요사노 아키코의 이름이 친숙하실 듯한데, 「그대여 제발 죽지 말기를」이라는 아키코의 유명한 시가 있습니다(『명성明星』, 1904년 9월[1894년 노기 마레스케 장군의 여순(뤼순) 전투에 소집됐던 남동생을 위한 노래 혹은 반전시(反戰詩)로 유명함]). "부모님이 너의

· ·

6. 두호보르파(Духоборы). 러시아 정교회 분리파 가운데 하나. '영혼을 위해 싸우는 자들'이라는 뜻. 러시아제국 시대에 기독교 평화주의 및 양심적 병역거부로 인해 탄압받았음.

손에 칼날 쥐어주고는 사람 죽이는 법을 가르쳤을까 / 사람을 죽인 다음에 죽으라고 스물넷까지 키웠을까"라는 구절 뒤를 이어 이렇게 표현합니다. "스메라미코토[皇尊·天皇]는 싸움에 결코 자진하여 나가지 않지." 즉, 천황 폐하는 국민에게 전쟁하러 나가라고 명하지만 자신은 전쟁에 나가지 않는다는 겁니다. 다시 이렇게 이어집니다. "서로 피를 흘리게 하고 / 짐승의 길에서 죽으라고 하며 / 그렇게 죽는 일을 사람의 영예로 삼다니 / 천황의 마음大みこゝろ이 본디 깊다면 어찌 그리 생각하셨을까." 사람의 죽음이 사람의 영예가 되는 일 따위란, 천황의 마음이 자비심으로 넘친다면 결코 있을 수 없다는 것이죠. 대단히 강한 항의 방식이라고 하겠습니다.[7]

왜 요사노의 시를 들어 말씀드리느냐면, 그것 역시 톨스토이의 영향을 받은 것으로 보이기 때문입니다. '짐승의 길'이라는 말에 그런 정황이 있습니다. 톨스토이의 「Bethink Thyselves!」의 원문에는 인간이 'Animal[동물]'이나 'Beast[짐승(야수)]'가 되는 일을 경고하고 있습니다. '전쟁을 하는 것은 인간이 아니라 애니멀이며 비스트다'라는 식이죠. 그것이 요사노 아키코가

••

7. 이 반전시에서 '천황'을 다룬 대목이 하나 더 있다. "평안하다고 들리던 임금의 치세(大御代)도 / 어머니의 흰 머리는 이기지 못한다." 메이지 시기 여성해방운동가였던 요사노 아키코는 쇼와 시기 여성문인(보국)회를 조직하여 만주국 건국의 위문을 위해 다녀오고, 태평양전쟁기에 개전을 찬양하는 텍스트를 썼다.

말하는 '짐승의 길'이라는 표현에 반영되어 있다고 하겠습니다. 앞에서 말했듯이, 어떤 관계성 안에서 죽이는 게 아니라 얼굴도 모르는 상대방을 죽이는 방식은 짐승의 존재방식이 아니겠는가라는 것이죠. 나아가 요사노 아키코는 이렇게 표현합니다. "여순의 성이 깨지든 / 깨지지 아니 하든 그게 무슨 상관이람 / 그대 모를까, 그런 일이 상인 집안의 법도와는 아무 관계가 없음을." 즉, 여순을 떨어뜨리건 아니건 상인의 아들에겐 하등 중요할 게 없다는 말입니다.

요사노의 그런 표현에 대해 거센 비난이 분출했습니다. 오마치 게이게츠[시인·평론가]라는 사람은 "천황중심주의의 눈으로 아키코의 시를 검사하자면, 그녀는 난신亂臣이며 적자賊子[불효자·반역자]이고 국가의 형벌을 가해야만 할 죄인이라고 절규하지 않을 수 없게 된다"고 격렬히 비판했습니다. 이에 맞서 요사노 아키코는 반론합니다. 자기가 말하는 것을 위험하다고 하는데, 오히려 "요즘처럼 죽어라, 죽어라고 말하는 쪽"이 훨씬 더 위험한 게 아니겠는가, 그런 죽음의 만연을 두고 "충군애국이라는 글자나 황공한 교육칙어를 끌어와 논하는" 근래의 유행이 오히려 더 위험한 게 아니겠는가라고 말이죠. 오마치 게이게츠는 「교육칙어」[1890년 국민교육 및 국민도덕에 관하여 천황이 내린 칙어. 1948년 교육기본법으로 대체/폐지]에 있는 '의용군으로 봉사해야만 한다'[정확한 문장은, "정의심에서 나오는 용기를 갖고 공(公)을 위해 봉사하고"]는 말을 끌어와 요사노의 시를 그런 봉사에 반하는 것으로 비판했던 것인데, 요사노는 그런 방식 자체가 잘못이라고 반론했던 것이죠.

톨스토이의 영향은 요사노 아키코 한 사람에서 멈추지 않았습니다. 『대보살 고개大菩薩峠』[1913~1941, 미완]를 쓴 소설가 나카자토 가이잔 역시도 톨스토이에 깊이 기울어 있었고, 무샤노코지 사네아츠나 아리시마 다케오 같은 시라카바파[8] 사람들은 톨스토이로부터 큰 영향을 받았습니다. 그들의 사고방식은 다이쇼 시대에 인도주의로 불렸습니다. 즉, 톨스토이의 사상을 실천하는 사람들을 가리켜 '인도주의'라는 표현이 사용됐던 것이죠. 근대 일본에서의 비폭력 정신의 계보는 톨스토이를 빼고서는 이야기할 수 없을 것입니다.

"전쟁 폐지의 법"이야말로 "법률의 승리"

우치무라 간조를 이야기할 차례입니다. 그는 청일전쟁 시기 어떤 뜻에선 전쟁을 선동하는 쪽이었지만, 결국 그것이 '짐승의 길'이라는 점을 깨닫습니다. 「러일전쟁에서 내가 얻은 이익」이라는 유명한 글이 있습니다. "청일전쟁은 그 이름으로는

. .

8. 1910년 잡지 『시라카바(白樺; 자작나무)』에서 유래한 문학 일파. 다이쇼 데모크라시로 대표되는 자유주의적 분위기 속에서 개인주의·인도주의·이상주의를 긍정하는 문학을 했음. 당대 자연주의를 대신하여 1910년대 문학의 중심 경향이 되었다.

동양 평화를 위한 것이었습니다. 그런데 그 전쟁은 더 큰 러일전쟁을 낳았습니다. 러일전쟁 역시도 그 이름으로는 동양 평화를 위한 것이었습니다. 그러나 그것 역시 동양 평화를 위한 더욱 커다란 전쟁을 낳을 것이라고 봅니다. 전쟁은 만족할 줄 모르는 야수입니다."(1905년 11월[『새 희망(新希望)』 69호]) 천황의 청일전쟁 개전조칙에는 "동양의 평화"를 위한다는 목적이 제시되어 있었습니다. 러일전쟁에서는 "동양의 치안을 영원히 유지한다"는 것이 선전포고 조칙에 들어 있었습니다. 이후 일본의 전쟁이라는 것은 일관되게 '동양의 평화를 위하여'라는 정당성의 논법을 취하게 됩니다.

2009년 10월 저는 서울에서 열린 심포지엄에 참석했었는데, 10월 26일은 안중근이 이토 히로부미를 하얼빈역에서 사살했던 100년째 되는 날이었습니다. 2010년 3월 26일은 안중근의 처형 100년이 되는 날이고, 동시에 2010년은 '한일병합' 100년이 되는 해이기도 합니다. 많은 일본인들이 안중근을 '이토 히로부미를 사살한 사람'으로만 알고 있을 듯한데, 미완으로 끝났지만 안중근은 옥중에서 『동양평화론』이라는 글을 쓰기도 했습니다.[9] 그가 주장하는 것은 동아시아의 일본·중국·한

● ●

9. 1910년 2월 뤼순 감옥에서 집필됨. 목차 상으로는 '서문, 전감(前鑑), 현상, 복선, 문답'으로 구성되어 있으나, 앞의 둘만 작성되고 사형이 집행됨. '한·중·일 상설 동양평화회의'의 뤼순 설치, 그 회의의 아시아 각국으로의

국이 한 몸이 되어 평화를 만들 의무를 갖고 있음에도 이토 히로부미는 입으로만 '동양의 평화'를 말할 뿐 실제로는 한국을 병합하려는 게 아닌가라는 점이었습니다. 그렇기에 자기는 이토 히로부미를 죽였다는 것입니다. 안중근은 그런 논법을 취하고 있습니다. 그는 하얼빈역 현장에서 도망칠 수 있었음에도 그러지 않았습니다. 자신의 사상을 호소하기 위한 투쟁으로서의 행위였던 만큼, 자신은 조선독립의 의사義士라는 것이었죠. 서울에 가면 알 수 있듯이 한국에서 안중근은 의사로 불리지 결코 암살자로 불리지 않습니다. 이에 관해서는 여러 견해가 있습니다. 단, 안중근의 그러한 사상이 있었음을 우리는 잊어버리기 쉽습니다. 즉 '동양의 평화'라는 미명 아래 대체 무슨 일이 행해졌던가, 라는 질문에 관해 우리는 생각하지 않으면 안 되는 것이죠.

우치무라 간조도 나카에 초민과 마찬가지로 '전쟁에 돈을 쓸 게 아니라 그 돈으로 세계에 철도나 대학을 만들어야 한다'고 호소했습니다. 그리고 "전쟁의 폐지는 결코 어리석은 자의 꿈이 아니"라고, 나아가 "법률 최후의 승리는 전쟁 폐지에 있다"(「기독교와 법률문제」, 1910년)고 주장했습니다. 법률이라는 것이 혹여 최종적으로 승리하는 일이 있다고 한다면,

••
개방, 동북아 공동은행, 공동평화군 설립 등이 제안되어 있다.

그것은 전쟁 폐지를 규정한 법률 속에서일 것이라는 말입니다. 두말할 필요도 없지만, '헌법 9조'가 바로 그런 것입니다. 9조와도 같은 것이 우치무라 간조가 상정했던 것 속에 있었다고 저는 생각합니다. 나아가 그는 이렇게 질문합니다. "우리들은 곧잘 악한 평화와 선한 전쟁이라는 표현을 쓰지만, 악한 평화와 선한 전쟁 가운데 어느 쪽이 좋은가." 이에 대해 그는 "가장 악한 평화일지라도 가장 선한 전쟁보다는 바람직하다"고 답합니다(「평화, 이뤄지다」, 1905년). 아무리 선한 전쟁이라고 할지라도 전쟁은 사람을 죽이는 일 이외에 다른 게 아니라는 겁니다. 정부는 선한 전쟁을 두고 사람을 살리기 위한 전쟁이라고 말하면서 국민을 전장으로 보내지만, 진정으로 사람을 살리기 위한 전쟁이라는 게 역사에 있었던가를 질문하면서 결국 그런 전쟁은 없었다고 보는 것이 우치무라의 발상이라고 하겠습니다.

간디도, 그 외에 다른 많은 이들도 마찬가지로 지적하고 있지만, 일상 속에서 사람을 죽이면 살인이지만 전장에서는 사람을 많이 죽일수록 영웅이지요. 이런 논리에 근거해 일상의 윤리와는 전혀 다른 도착된 세계에 들어가고 맙니다. 다름 아닌 그것 자체가 문제라고 우치무라는 말하고 있는 것이죠. 전쟁 당시의 많은 사람들은 그렇게 생각하지 않았습니다. 러일전쟁은 일본이 유럽·미국의 백인종과 싸워 이긴 전쟁이라는 긍지를 갖고 있었습니다. 말할 것도 없지만, 실제로 러일전쟁은 러시아를 압도하여 이긴 전쟁이 아닙니다. 일본은 전력의 거의 전부를 소진했었고, 더 이상 전쟁을 계속할 수 없었던 상태였죠. 그러나 일본의 정부는 일체 그런 전쟁의 실태를 밝히지 않았습니다. 그리고 러일전쟁 직후 편찬된 『러일전사日露戰史』[전 16권, 1906]에서는 일본이 우세해서 승리했으며 장교들이 우수했다는 것만 쓰여 있습니다. 결국 그 전쟁은 이후에 아무런 교훈이 되지 못했던 겁니다. 만약 그때 전쟁의 실태가 어떠했는지, 일본이 얼마나 위험한 상태였는지 사실을 제대로 써서 남겼다면 뒤이어질 전쟁은 일어나지 않았을지도 모릅니다. 그런데 그렇게 하지 않았던 것이죠. 왜일까요? 군인의 진급이나 포상 때문입니다. 즉, 훈장을 주고 계급을 올리기 위해 거짓을 썼던 것이죠. 그런 사정이 실제로 있었습니다.

'참된 문명은 산과 강을 황폐화시키지 않으며 마을과 사람을 파괴하지 않는다'

이야기가 조금 벗어났지만, 전쟁과 평화를 사색하는 데에서 제가 곧잘 떠올리는 것은 다나카 쇼조의 무전無戰주의라는 사고방식입니다. 그는 아시오 광산 광독鑛毒 사건의 해결 운동 [1891~1901]에 관여했고, 피해 당사자들이 '밀어내기'라고 불렀던, 여성과 농민이 선두에서 행진하는 방식으로 도쿄까지 이르러 사건의 해결을 호소했던 일로 알려져 있습니다.[10] 그는 [일기에] 이렇게 썼습니다. "나의 주의주장은 무전론이므로, 세계 각국 모든 육해군의 전면적 폐지를 희망하고 또 기도한다. 인류는 다만 평화의 전쟁에서만 분투해야 할 것인바, 혹시 그 점을 태만히 하거나 주의하지 않으면 끝내 살벌殺伐전쟁에 이르게 될 터이다."(1904년 9월) 다나카 쇼조는 인간이란 싸워야 하되 무력으로 싸우는 게 아니라 인간의 증좌인 말로 싸워야 한다고 했습니다. 왜 싸워야만 하는 걸까요? 그것은 인간의 정도正道를 지키기 위해서입니다. 싸우지 않으면, 악에 의해 축출되고 말기 때문입니다. 그러나 그 싸움은 어디까지나 '평화의 전쟁'이지 않으면 안 되는 것이며, 자신이 행하고 있는 것은 힘을 사용한 싸움이 아니라 말과 논리를 통한 싸움이라고 규정했습니다. 그런 신념을 가졌으므로 그는 엄혹하고 쓰라린 투쟁을 오래도록 지속할 수 있었던 겁니다.

다나카는 자신의 무전주의를 실제로 관철시키고자 한다면 군비의 전면적 철폐를 단행하지 않으면 안 된다고 말합니다. 실제로 농촌의 부인들이 도쿄로 행진했을 때 그들을 탄압했던

<hr>

10. 이 환경 파괴와 생명 훼손의 해결을 위해 다나카 쇼조는 목숨을 걸고 천황에 직소(直訴)하였다. 천황의 이름으로 피해자의 인권·생존권·환경 권을 지키라는 주장이었고, 구체적으로는 메이지 제국 헌법 9조 '공공의 안녕을 위한 칙령(勅令)'을 천황이 발포할 것을 요구했다.

것은 경찰이었고 군대였습니다. 그렇게 다나카는 경찰이나 군대란 나라의 권력을 지키기 위해 있는 것이지 국민을 지키기 위해 있는 게 아니라고 의심하게 됐습니다. 따라서 다음과 같이 말했던 것이죠. "참된 문명은 산을 황폐화시키지 않고 강을 황폐화시키지 않으며, 마을을 파괴하지 않고 사람을 죽이지 않는다."[11] 즉, 그의 말을 따르면 광독 사건과 같은 '자연환경의 파괴'와 '전쟁'은 마찬가지로 목숨을 뺏는 것으로서, 둘 모두 문명이 아니라 폭력이라고 할 수 있습니다. 전쟁만 폭력인 게 아니라 자연환경의 파괴에 의해 사람의 목숨을 뺏는 것 역시도 폭력이고 비명非命입니다. 끝까지 누려야 할 목숨을 뺏긴 것이므로 비명인 것이죠. 환경 파괴는 인간의 평화를 위협하는 폭력이라고 다나카는 생각했던 겁니다. 이런 사고방식은 어떤 뜻에서 보면 오늘날 '노벨평화상'의 사고방식에 이어져 있다고도 하겠습니다. 알고 계시듯, 케냐의 왕가리 마타이 씨[환경·인권운동가, 환경부 차관]라는 여성이 수상(2004년)하고, 뒤를 이어 미국의 엘 고어 씨가 노벨평화상을 수상했습니다 (2007년['기후변화 대응 공헌자'로서 유엔 '정부 간 기후변화위원회'가 공동 수상]). 나무심기운동이나 온난화에 대한 대응은 그 자체로 평화의

..

11. 이는 광독 사건의 피해를 입은 야나카(谷中) 마을에 공권력에 의해 강제 파괴가 집행된 메이지 45년(1912)에 다나카가 일기에 썼던 문장.

구축이라고 할 수 있습니다. 그런 사고방식에서 노벨평화상이 그들에게 주어졌고, 그것은 100년 전에 다나카 쇼조에 의해 주장되고 있었던 것이기도 합니다.

3. '비폭력의 사회'를 요구하며

그런 뜻에서 저는 다카나 쇼조의 사상을 높게 평가하며, 그 사상으로부터 배워야 할 게 있다고 생각합니다. 또한 자연과의 관련이라는 의미에서 우리가 주목해야 할 한층 더 깊은 사색은, 이번 강연 첫머리에서 말씀드린 마키구치 쓰네사부로의 '의정불이依正不二'라는 사고방식이 아닐까 합니다.[그의『인생지리학』2장 「'공생'을 넘어 '의정불이'로」] 다나카에게는, 앞서 인용했던 문장에서처럼 주체란 역시 인간입니다. 인간이 자연과 분리되어 주체가 된 상태에서 자연을 붕괴시키거나 파멸시키는 것이죠. 그러나 실상은 인간 역시 자연의 일부입니다. 그렇다고 한다면, '인간은 자연을 파괴하지 않아야 한다'만이 아니라, '자연과 일체로서 존재하는 인간'에 관해, 곧 그 일체성에 관해 생각하는 쪽이 비폭력으로 이어질 것입니다.

그런 차원에서 '의정불이'라는 것은 정보正報 즉 주체는 인간이고 의보依報 즉 환경은 객체이지만 그것들을 '둘로 분리되지 않은不二' 상태로 보는 관점입니다. 형체와 그림자가 서로를 수반한다고 할까, 한쪽이 없이는 다른 한쪽도 없는 그런 관계라고 하겠습니다. 양쪽 모두가 있을 때 비로소 존재할 수 있는 것으로서 자연과 인간의 관계를 생각했던 것이죠. 물론 그것은 니치렌日蓮[1222~1282. 『법화경(法華經)』을 종지로 삼은 일본 불교 종파 니치렌종의 창시재의 불법佛法에서, 모든 생명체가 우주 전체와 이어져 있다고 보는 사고방식에 뿌리박고 있습니다.

마키구치는 다나카의 생각과는 달리 인간과 자연을 묶는 것 역시도 자연이라고 봤습니다. 그리고 인간들 서로를 결부시키는 것 역시도 자연이었습니다. 마키구치의 '지리학'이라는 표현은 그런 자연환경의 존재방식을 가리키는 게 아닐까 합니다. 우리가 흔히 배웠던 지리학, 곧 도쿄에서 생산되는 것이 무엇인지 알려주고 어디에 강이 있고 산이 있는지 그 이름을 기억하는 통상적인 지리학이 아니라 '자연과 인간의 관계'를 생각하게 하는 방식으로서의 지리학인 것이죠. 다양한 공간의 차이에 의해 생겨나는 인간과 자연의 여러 관계 양상을 생각하는 방식이라고 하겠습니다. 그것이 마키구치의 지리학이 아닐까 합니다. 인간과 사회, 그리고 인간과 자연의 상호관계 속에서 태어나는 다양한 환경의 차이를 우선적으로 생각하고, 거기에서 인간과 사회의 당위적인 존재방식을 사고해야 한다는 것이죠.

인도적人道的 경쟁, 훈화薫化에 의한 변혁

알고 계시듯이 마키구치는 향토 연구로부터 시작했습니다. 그에게 자신들이 태어나고 자란 향토 안에는 자연과 문화가 있으며 이를 쟁탈해가는 것은 폭력이었습니다. 식민지 지배가 그 전형입니다. 아무런 관계도 없는 인간들이 아프리카나 아시아에 가서 무력으로 토지를 자신들의 것으로 삼고는, 거기서 나오는 자연의 모든 산물을 자신들을 위해 함부로 반출하죠. 이는 분명 향토를 빼앗는 폭력입니다. 그 토지에서 살고 있는 인간과 자연의 관계까지도 붕괴시키고 마는 폭력인 것이죠. 마키구치는 극복해야 할 대상으로서 '정치적 경쟁'을 거론하지만, 이는 도리에 어긋난 그런 식민지 지배에 대한 비판이기도 했던 겁니다. 그는 다음과 같은 방식으로 표현합니다. "무력 또는 권력의 행실을 무형無形의 세력으로 자연스레 훈화해가는 것."

'훈화'라는 말은 바로 그런 맥락입니다. 폭력을 통해 행해왔던 것을, 그런 폭력이 아니라 무형의 힘을 통해, 즉 말과 사상을 통해 상대방을 설득하는 과정 속에 놓자는 것입니다. 군사적 경쟁, 정치적 경쟁, 경제적 경쟁을 넘어 다른 입장을 지닌 사람들의 '인도적 경쟁'이라는 것은 그런 맥락에서 나온 말이고, 그때 '경쟁'이라는 말은 결코 상대방을 밀어 떨어뜨리고 자신 혼자 이겨서 우쭐거림을 뜻하는 게 아닙니다. 오히려 '공주共走', 곧 함께 달린다는 뜻, 나아가 상대방과 평등한 입장에서 동행하는 가운데 함께 향상되어 간다는 뜻이 마키구치의 '경쟁'에는 내재되어 있다고 하겠습니다.

그렇게 생각하면, 처음에 말씀드린 간디의 사상이든 만델라의 사상이든 기본적으로는 모종의 압박에 대한 저항의 사상이었다고 할 수 있습니다. 그러나 마키구치의 사상은 좀 다른 듯한데, 시민적 불복종에서 보이는 '저항'으로서가 아니라, 눈에 보이는 구체적이고도 물리적인 폭력이 마치 존재하지 않는 것처럼 느껴지는 사회에서도 각자 스스로가 실천 주체가 되어 '비폭력으로 세계를 바꾸어 가기' 위한 원리를 말하고 있기 때문입니다. 일반적으로 비폭력은 어디까지나 상대방이 자신에게 압력을 가했을 때에 어떻게 대응할 것인지와 관련되며, 거기에는 분명 폭력이라는 게 있고 그것에 대항하는 비폭력이 있죠. 그러나 우리가 살고 있는 세계에는 언뜻 보이지 않고 그래서 잘 알 수 없는 압력이나 폭력이 사람들의 행동과 사고를 억제하고 있습니다. 그런 폭력에 맞서 어떻게 상황을 바꾸어갈 것인가. 마키구치는 그 점을 생각하지 않으면 안 된다고 말합니다.

그렇게 상황을 바꾼다고 할지라도 마키구치가 '자연스레 훈화해간다'고 말한 것처럼, 그 변혁은 자연스러운 것이지 않으면 안 됩니다. 결코 강제력을 통해 바꾸는 게 아닙니다. 일본의 자연관에서, '자연'은 '저절로 그러한' 상태로서 포착되죠. 모종의 강제력이 가해지면 자연일 수 없으며 또한 훈화의 상태일 수 없게 됩니다. 어디까지나 말이나 사상, 인격의 힘을 통해 '있어야만 될 방향으로' 바꾸어 가는 것입니다. 즉, 다나카 쇼조와 마키구치의 자연관이나 우주관을 생각하면, 인류의 새로운 문명은 이른바 '자연에 대한 폭력'을 없애는 것만이 아니라 '눈에 보이지 않는 폭력을 어떻게 없애갈 것인가'까지도 과제로 떠오르게 됩니다. 이 언저리는 역시 어려운 일이 되겠지만, 그들의 비폭력 사상은 그러한 사고방식으로 전개되고 있는 게 아닐까, 현재 저는 그렇게 생각하고 있습니다.

러일전쟁의 승리, "힘을 향한 의존"에 취하다

러일전쟁 이후, 도쿠토미 로카는 "승리의 비애"라는 것을 통감하기에 이릅니다. 러일전쟁이 끝나고 일본 전체가 승리감에 들떠 있을 그때, 그 승리에 의해 더욱 큰 증오와 전쟁이 초래되리라는 위험을 감지하고 있었던 것이죠. 러일전쟁 이후 로카는 톨스토이를 만나러 가는데, 그 여행기 『순례 기행』(1906년)에 따르면, 터키나 불가리아를 지날 때 그곳 사람들은 러시아를 이긴 일본인이 왔다고 하면서 자신을 크게 환영했던 일이 있었다고 합니다. 러시아의 압박을 받고 있던 그들

동유럽 사람들은 일본인이 러시아를 이긴 것에서 자신들도 싸울 자신감을 얻었다고 기뻐했던 것이죠.

그런데 로카는 그런 상황에서 큰 비통함에 잠깁니다. 일본의 승리를 통해 일본인은 그들에게 "힘의 찬미"를 가르치고 말았던 게 아닐까라는 생각이었던 것이죠. 전쟁과 죽음 속으로 그들을 밀어 넣는 게 아닐까라는 염려와 두려움을 느꼈던 것이라고 하겠습니다. 그리고 그들만이 아니라 일본인 자신도 "힘을 향한 의존"에 취해 인간성을 잃어버리고 마는 게 아닐까 심려했던 겁니다. '승리의 비애'란 그런 것이었습니다. 러일전쟁에서의 승리는 결코 기쁜 일이 아니며, 승리야말로 실은 파멸에 이르는 길이라는 게 로카의 생각이었습니다.

로카는 톨스토이가 살던 야스나야 폴라나('빛나는 공터'라는 뜻)로 가서 톨스토이의 삶의 방식을 배웠습니다. 귀국한 뒤에는 '항춘원恒春園[고슈엔]'이라고 이름 지은 토지에서 농업과 저술에 종사하게 되죠. 이것이 '로카 항춘원'(현재 도쿄 세타가야구 로카공원)입니다. 그의 귀농주의 속에는 농업이 동물을 죽이지 않아도 되며 가장 죄를 덜 짓고 사는 방식이라는 사상이 들어 있습니다. 식물을 죽이는 게 아니냐고 말하면, 부정할 수는 없겠지만, 힌두교에서의 채식주의 역시도 건강을 위한 게 아니라 어디까지나 살아 있는 것을 죽이지 않기 위한 사상이 배경에 있습니다. 톨스토이로부터의 감화 속에서, 로카는 예루살렘에

체류하고 있었을 때인 1919년 베르사유 평화회의를 수신인으로 하여 여성참정권의 실현과 식민지 해방 같은 자신의 이상을 써서 보내기도 했음을 덧붙여두고 싶습니다.

차별이야말로 폭력, 폭력이야말로 차별

사이코 만키치[피차별민, 부락해방운동가]라는 사람이 있습니다. 그는 「수평사水平社 선언」을 기초했던 사람이죠. 그 선언은 1922년 3월 도쿄 오카자키 공회당에서 개최된 전국 수평사 창립대회에서 발표됐던 것으로, "인간을 강탈한다는 게 무엇인지 잘 알고 있는 우리는 마음으로부터 인생의 열熱과 광光을 간구하고 예찬하는 것이다. 수평사는 그렇게 태어났다. 사람의 세상에는 열熱이 있고 인간에게는 빛光이 있다"는 유명한 구절을 포함한 선언입니다.[12] 사이코 만키치는 자신이 피차별부락

12. 「수평사 선언」은 위로부터 내려오는 평등과 인권이 아니라 불평등과 반인권 상태 속에 있던 사람들(부락민) 스스로가 최초로/자주적으로 평등과 인권을 선언했던 기록임. 이 선언은 미국의 잡지 *The Nation*, 조선·소련·영국의 신문에 차례로 소개되었다. 이후 재일조선인을 비롯한 류큐인, 아이누 민족, 한센병자 등 일본 내부의 피차별 소수자의 자각과 운동에 용기를 주었고, 식민지 조선의 피차별 소수자인 백정을 중심으로 1923년 4월 25일 결성된 형평사(衡平社)와 제2차 세계대전 후의 유럽, 인도의 피차별 카스트(달리트) 등의 해방운동에도 영향을 끼쳤다. 본문에서의 언급이 있고 나서 7년 뒤인 2017년에 '전국 수평사 창립선언 및 관계자료'의 유네스코 '세계기억유산(Memory Of the World)' 등재 운동이 있었으나 (개인 서명 15만여 명, 단체 서명 533건), 유네스코 선고에서 누락되었다.

출신으로서 철저하게 차별받아온 경험을 통해, 차별이야말로 폭력이고 폭력이야말로 차별을 낳는다고 생각했습니다. 그리고 생명을 가진 모든 것에 대한 자애로움 없이는 차별은 영구히 없어지지 않을 것이며, 나아가 그런 항구적 차별에서 전쟁이 태어난다고 보았습니다. 그런 사정만을 말했다면 사이코 만키치는 인권을 중시한 비전론자에 해당되겠지만, 이후 그는 사상적으로 대단히 진폭이 큰 인생을 살게 됩니다. 어떤 시기에는 대단히 열렬한 천황숭배주의자가 되어 전쟁을 찬미했으며, 전후에는 사회주의의 지지자가 되기도 했죠.

사이코 만키치 역시도 간디 및 킹 목사에 대한 공감 아래에서 다양하게 사고하였습니다. 예컨대 간디에게는 안티오디아anti-odia라는 사고방식이 있었습니다. 그것은 '가장 작은 것의 안전과 행복이 그 공동체 전체의 안전과 행복의 전제조건'이라고 풀이할 수 있는 것입니다. 즉, 무엇이 행복인가를 생각할 때에, 가장 심하게 학대받은 것, 가장 약하고도 작은 것의 행복과 안전을 고려하는 것에서 출발하는 것이죠. 그리하면 사회 전체 혹은 세계 전체가 행복하게 되어간다는 생각입니다. 이는 현재의 정치철학에서 중요한 지위를 점하는 존 롤즈의 『정의론A Theory of Justice』[1971]과도 가까운 발상입니다. 가장 혜택 받지 못하고 있는 사람의 입장에 서서 사회라는 것의 존재방식을 생각해 나가자는 의미이기 때문입니다. 사이코 만키치가 공명했던 것은 간디의 그런 사상이었습니다.

전후, 그는 간디의 『나의 비폭력』에 이끌려 이렇게 말합니다. "한때 강력한 무력을 보유하고 있던 나라가 개심改心한 경우, 그 나라는 세계에 대해, 그리고 그 세계 속 그들의 적에 대해서도 한층 더 낫게 비폭력이 무엇인지를 가리켜 보일 수 있다."(1946년 5월) 즉, 일본이 군사 대국으로서 행했던 전쟁이 잔혹하고 비참했던 그 만큼, 일본이 개심하여 비무장 국가로서 새로이 만든 평화라고 한다면 그것은 상대방에 더 강한 호소력을 가질 수 있으리라는 말입니다. 이는 그저 말만으로는 효력이 없다고 생각해서, 그는 '평화성省'이라는 관청을 만들어야 한다고 주장했습니다. 1951년 샌프란시스코 평화조약 때의 일이죠. 나아가 1966년에는 평화를 구축하기 위해 '화영대和榮隊'라는 기술 부대의 창설을 제창하기도 했습니다. 국제평화와 공영을 위한 과학기술 봉사대를 구상했던 것이죠.

앞에서부터 말씀드리고 있듯이, 나카에 초민이나 우치무라 간조는 일본이 '문화국가'가 되어 문화로 세계에 공헌함으로써 일본의 평화도 달성되리라고 설파했었습니다. 전후 일본은 일국평화주의에 빠져 있다는, '일본만 평화로우면 그걸로 끝인가'라는 비판이 있었던 것처럼, 사이코 만키치는 그렇게 일본만 평화로워서는 안 되며 세계평화를 리드하기 위하여 '평화성'을 창설하자고 주장했으며, 무력에 의한 평화가 아닌 과학기술에 의해 세계의 사람들을 돕는 '화영대'의 파견을 주장했던 것이죠.

'살인은 악', 병역의 거부

마지막으로 말씀드릴 사람은 기타미카도 지로 씨입니다. 2004년 91세의 나이로 세상을 떠난 그는 구제舊制 5고등학교 시절 톨스토이의 『사람은 무엇으로 사는가』[1885]를 읽고 감명을 받았으며, 도쿄대 영문과 입학 이후에는 톨스토이를 읽기 위해 러시아어를 배우러 하얼빈에 가기도 했습니다. 톨스토이의 절대 비폭력 사상에 공감했던 그는 1938년 '병역 거부'에 이르게 되죠. 실제 이때 병역 검사를 담당한 공무원이 자기 담당구역에서 병역 거부자 같은 성가신 일이 생겨 곤란해지자 그의 '머리가 좀 이상하다'는 판정을 내리고 미리 병역 면제자로 판정했던 일이 있었습니다. 그는 이후 도쿄대를 중퇴하고 고향인 구마모토 미즈카라무라에서 청경우독晴耕雨讀하는 생활을 합니다. 톨스토이가 말하는 '총을 낫과 괭이로 바꾸는' 생활을 했던 것이죠. 이는 도쿠토미 로카와 같습니다. 기타미카도 씨는 다키가와 사건[13]으로 유명한 교토대 총장 다키가와

· ·
13. 일명 '교토대 사건'. 쇼와 8년(1933) 당시의 문부대신이 교토제대 법학부 다키가와 유키토키 교수의 저작 『형법 독본』 및 강연 내용을 '적화(赤化)' 사상으로 검속하고 파면한 사건. 같은 학교의 교수 단체와 학생들에 의해

유키토키 및 가와카미 하지메[좌파적 방향성을 띤 사상개와도 교류가 없지 않았지만, 톨스토이가 말한 '농업이 가장 죄 없는 생활'이라는 사상을 실천했습니다. 그는 '절대 비폭력'과 '사람 위에 사람 없고 사람 밑에 사람 없다, 인간은 모두 평등하다'라는 톨스토이의 두 가지 교훈을 평생 추구하고자 결심했고, 톨스토이의 글을 계속 번역해가게 됩니다. 낮에는 농사일을 하고 밤에는 등불 밑에서 번역을 했죠. 그는 말합니다. 자신의 톨스토이 번역은 어학적으로 결코 뛰어난 게 아니라고, 혹시 자기 번역이 의미를 갖는다고 한다면 그것은 톨스토이의 마음을 길어내기 위한 번역이라는 점에 있다고, 자신의 번역은 마음으로 번역하는 '심역心譯'이라고 말이죠. 우선 톨스토이의 마음을 아는 것으로부터 번역을 해나가자는 것이었습니다.

나아가 기타미카도 씨는 마틴 루터 킹의 비폭력 사상에 대해서도 강한 공감을 품습니다. 킹 목사의 다음과 같은 유명한 말이 있죠. "비폭력은 강력한, 정의의 무기이다. 그것은 다치지 않게 절단하고, 그것을 행사하는 사람을 고귀하게 만든다. 그것은 인간 역사에서 유니크한 무기이다."(『우리 흑인은 왜 기다릴 수 없는가*Why We Can't Wait*』[1964, 『왜 우리는 기다릴 수 없는가』, 박해남 옮김, 간디서원 2005]) 즉, 비폭력은 상대방을 다치게 하지 않을 뿐만

• •

항의운동이 벌어졌으나 당국에 의해 진압됐음.

아니라 '상처 입히지 않음'을 통해 자기 자신이 고귀해질 수 있다는 것입니다. 악에 맞서 악으로 되돌려주면, 상대방의 악과 동일한 입장이 되고 말죠. 그렇지 않고 상대방이 악의를 갖고 무력으로 폭력을 가해 올지라도 비폭력으로 대항한다는 것, 그리하면 자신을 압박하는 상대방보다도 정신적으로 존귀한 무기를 손에 쥐게 된다는 것. 이런 사고방식이죠. 기타미카도 씨도 그렇게 생각했고, 그런 사고를 젊은이들에게 전하려 구마모토의 우토고등학교를 비롯해 여러 곳을 순회하면서 학생들과 함께 톨스토이의 『바보 이반』[1886] 판화를 만들거나 톨스토이의 사상을 확장시키는 활동을 지속했었습니다.

『러일전쟁의 세기』라는 저의 졸저에서 다뤘던 것이기도 한데, 톨스토이의 사상은 일본에 다방면으로 영향을 주었습니다. 최후의 톨스토이안이 기타미카도 씨였다고 하겠습니다. 그가 늘 얘기하던 것 중에는 다음과 같은 물음과 답변이 있었습니다. "사람들은 내게 이렇게 묻는다, 왜 당신은 비폭력이 아니면 안 된다고 하는가." "폭력은 악하다, 살인은 악하다. 악하기에 악하다. 이 이외에 달리 답할 수가 없다." 이는 제대로 된 답이 아닐지도 모릅니다. 그러나 그는 그렇게 답함으로써만 스스로를 지탱할 수 있었습니다. 살인이나 폭력은 악이며, 절대적인 악은 없앨 수밖에 없다고 그는 믿었죠. 그리고 그런 사상이 톨스토이 속에서 살아 있다고 믿고 그것을 죽을 때까지

일관되게 추구했던 겁니다. 이는 사람의 지속력이라는 것이
대체 어떻게 어디에서 연원하는지에 대해, 사람을 지탱하는
근원이라는 게 무엇인지에 대해 생각하게 합니다.

4. 일본국 헌법의 비폭력 사상

시간이 많이 지났는데, 이제부터가 진짜 본론입니다(웃음).
즉, 문제는 '진정으로 평화롭게 산다는 것은 무엇인가' 혹은
'어떻게 그런 삶을 추구해야 하는가'라고 질문하는 데에 있습
니다.

만인에게는 '평화적 생존권'이 있다

일본국 헌법에 '평화적 생존권'이라는 사고방식이 담겨 있
습니다. 그것을 인식하는 데에는 여러 방식이 있고, 국제연합의
「세계인권선언」[1948] 등에도 그 개념이 거론되고 있지만, 일본
국 헌법의 '전문前文'이 세계에서 최초로 평화적 생존권 개념을
규정했습니다. '9조'는 헌법의 '제2장'에 들어 있는데, 제2장은
9조 하나로만 되어 있습니다. 보통 몇 가지 조문들이 모여
하나의 장을 이루지만, 일본국 헌법 제2장은 9조 하나만으로
되어 있는 것이죠. 왜 그렇게 된 것일까요? 실은 초안을 잡는

과정에서 '전쟁 포기' 대목의 일부분이 '전문'으로 옮겨졌기 때문입니다. 그렇기에 '제2장'은 조문이 하나밖에 없으며 다름 아닌 '전문'과 긴밀한 일체성을 띠게 되는 것이죠. '전문'에서 9조의 취지가 명확해지고 있으며, '전문'이 9조 해석의 표준이 되는 겁니다.

'평화롭게 산다'는 것이 무엇인지에 관하여 전문은 이렇게 말합니다. "전제專制와 노예적 복종, 압박과 편협을 땅 위에서 영원히 제거하고자 힘쓰고 있는 국제사회 속에서 명예 있는 지위를 점하고자 한다." 즉, 일본국 헌법에서 '평화'란 단지 전쟁이 없는 상태가 아닙니다. 누군가의 전제와 노예적 복종 혹은 누군가로부터의 압박이나 차별 같은 것들이 이 땅 위에서 영원히 제거되는 것이 '평화'라고 규정되어 있죠. 이것이 중대한 점입니다.

전문에서는 또 "전 세계의 국민이 오롯이 공포와 결핍에서 벗어나 평화 속에서 생존할 권리를 가진다는 것을 확인한다"고 강조됩니다. '평화 속에서 생존할 권리', 즉 평화적 생존권을 「세계인권선언」이 명시했던 것은 「일본국 헌법」 이후의 일입니다. 참고로 지금 저는 '전 세계의 국민'이라고 읽었는데, 이 말은 실제로는 잘못 번역했거나 번역의 의도적인 바꿔치기입니다. 왜냐하면 '전 세계의 국민'이라고 번역한 부분의 원문은 '올 피플all peoples'이기 때문입니다. '네이션nation=국민'이라는 말은 사용하고 있지 않습니다. 국적과 관계없이 '세계 모든 사람들'을 표시하고 있는 것이죠. 헌법이란 물론 자국 국민과 관계된 것이지만, 애초에 일본국 헌법은 일본 국민만을 대상으로 말하고 있는 게 아니었습니다. 일본국 헌법은 '세계 모든 사람들에 더불어 해당되는 겁니다, 그렇게 함께 노력해가는 겁니다'라고 말하고 있는 것이죠. 이 지점이 특별합니다.

저는 예전에 중의원 법제국에 있었는데, '올 피플'의 번역과 관련하여 '역시 좀 곤란하다'는 생각에 동의할 수 있는 부분도 있었습니다. 즉, 원문 그대로 '세계 모든 사람들'이라고 옮기면, 그 모든 사람들과 관련된 책임 전부를 일본 정부가 지지 않으면 안 되기 때문이죠. 일본 국적을 갖지 않은 사람에 대해서도 책임을 지지 않으면 안 된다는 겁니다. 그것은 역시 곤란한 일이며, 그러므로 각각의 국적을 가진 '전 세계의 국민'이라는 번역어로 바꿨던 게 아닐까 합니다.

'투쟁 본능'은 사회적으로 만들어진다

헌법 속에 있는 그런 '평화적 생존권'이라는 사고방식은 지금 우리들이 문제 삼고 있는 '비폭력' 사상의 전개와 연결되어 있습니다. 그러나 그렇게 논의를 하고자 하면, 반드시 다음과 같은 반론이 제기됩니다. '인간은 투쟁 본능을 갖고 있으며 따라서 전쟁은 없어지지 않는다'는 논리 말입니다. 과연 그럴까요?

이와 관련해서는 1989년 유네스코 총회에서 채택된 「세비야 선언」(폭력에 관한 세비야 성명)이 있습니다. 이는 세계의 정신의학자나 행동유전학자 등 여러 분야 과학자 20명이 스페인 세비야 국제회의에 모여 전쟁의 원인을 생각했던 것입니다. 그리고 유전이나 본능에 의해 투쟁이 생겨난다는 주장은 과학적으로 증명될 수 없다는 결론을 냈죠. '전쟁은 인간성에 내재한다'는 사고를 부정했던 겁니다. 즉, 인간이 전쟁을 하거나 투쟁하는 것은 본능이 아니라 사회가 그런 시스템을 만들고 있기 때문이며, 그런 시스템이 사람들로 하여금 경쟁이나 투쟁을 하게끔 만들기 때문이라고 결론지었던 겁니다. 물론 반론이 있겠지만, 그런 성명이 발신됐던 것이죠.

이렇게 투쟁의 행동이 사회적으로 만들어지는 것이라고 한다면, 당연히 그것은 사회적으로 바뀔 수 있을 터입니다. 여기서부터 마키구치 쓰네사부로의 사상에 이어지게 됩니다. 그는 『인생지리학』에서 "타인을 위하여 타인을 이롭게 하면서도 자기 역시도 이롭게 하는 방법"의 가능성에 관해 사유하고 있었습니다. 상호성 혹은 호수성互酬性[상호 보답·갚음](reciprocity [상호 간 이익 및 의무를 존중하는 (상법적) 호혜주의])이라는 사고방식이 그것인데, 그런 사상을 『인생지리학』의 서두에서 명확하고도 인상적으로 제시됩니다.

자기 자신이 아무리 빈궁하다고 할지라도 어떻게 세계라는 것에 연결된 채로 살고 있는가의 문제, 예컨대 입고 있는 옷이나 신발도 각국 사람들의 노고와 각국의 재료의 결정체라고 할 수 있겠죠. 인간이라는 것은 혼자서는 살 수 없지 않습니까? 아이들도 우유를 먹을 때마다 세계의 은혜를 입고 자랄 것입니다. 이는 결코 혜택 받은 특권계급에 속해 있기 때문이 아니며 빈궁하고 낮은 신분의 인간일지라도 마찬가지일 것입니다. 그렇게 세계라는 것의 연결 상태 속에서 인간이 살아가고 있다면, 당연히 세계의 인간은 서로 돕지 않으면 안 될 것입니다. 그것이 『인생지리학』의 집필 동기였다고 하겠습니다. "사회적 동포"라는 사고방식이 그것이죠.

물론 한편에서 마키구치는 당시의 유력한 사상이었던 사회진화론의 영향을 받고 있었으므로 '적자생존適者生存'의 관점 역시도 갖고 있었습니다. 분명 생존경쟁의 본능을 인식하고 있었죠. 그런데 마찬가지로 사회진화론에서 출발한 크로포트킨의 '상호부조론'도 있습니다. 곧 서로를 돕는 것도 인간의 본능입니다. 경쟁 역시도 본능일지 모르겠지만 서로를 돕는 것은 사회적 존재로서의 인간의 본능이죠. 이 두 본능이 어떻게 맺어질 것인지가 문제입니다. 물론 아직 해답은 없을지도 모르겠지만, 앞서 언급했듯 마키구치에 의해서는 '인도적 경쟁'이라는 사고방식이 제출됐었습니다.

구조적 폭력 및 문화적 폭력의 부정

폭력을 둘러싸고 평화학이 중시해왔던 것은 '구조적 폭력'의 문제입니다. 요한 갈퉁[노르웨이 사회학자·수학자]이라는 북유럽의 평화학자는 폭력에 두 가지가 있다고 말합니다. 하나는 군사력이나 개인에 의한 '직접적 폭력'인데, 그것이 없는 상태가 '소극적 평화'입니다. 다른 하나는 불평등이나 빈곤 등, 각각의 사람들이 가진 잠재적 능력을 충분히 발휘하거나 향유할 수 없게 하는 사회 구조에 의한 폭력입니다. 이는 구조적 폭력이고 '간접적 폭력'입니다. 그것이 없는 상태가 '적극적 평화'죠. 곧 어떤 사람이 자신의 능력을 마음껏 발휘하고 싶어도 그럴 수 없게 되어 있는 사회 구조, 이것 역시도 폭력이라고 봤던 겁니다. 혹은 어떤 사람에게 책임을 물을 수 없음에도 그 사람에게 책임을 덮어씌우는 것 또한 폭력으로 규정됩니다. 예컨대 지금 방글라데시 등에서는 '그라민은행'이 운영되고 있습니다. 가난한 여성들에게 소액 대출을 하는데, 이는 단지 돈을 빌려주는 데서 멈추는 게 아니라 서로가 공동으로 책임을 지며 직업을 가짐으로써 개인의 능력이 발휘될 수 있도록 합니다.[14] 이제까지 억제되어 발휘할 수 없었던 개인의 능력을

• •

14. 그라민은행(Grameen Bank)은 빈곤층에 특화된 소액 대출 은행이자 사회적

발견하고 서로를 도우면서 발휘해가는 것도 다름 아닌 '평화'
이며 '비폭력'입니다. 그런 사고방식이 가능한 것이죠. 곧,
폭력이란 단지 물리적 힘을 휘두르는 문제에 멈추지 않으며,
눈에 보이지 않는 사회적 폭력의 인식과 개선이라는 과제에
맞닿아 있습니다.

사회 구조에서 기인하는 빈곤이나 기아, 억압, 차별, 소외
같은 폭력 상태를 없애는 일, 그것이 구조적 폭력을 제거하는
'구조적 비폭력'의 사회라고 할 수 있겠습니다. 이런 비폭력을
일본국 헌법에 입각하여 말하자면, 전쟁의 폐절을 규정하고
있는 헌법 9조에 관한 것이 됩니다. 앞서 언급했던 헌법 전문에
는 "전제와 노예적 복종, 압박과 편협", "공포와 결핍"에서
자유로워질 것을 규정하고 있으므로, 거기에는 구조적 폭력에
관한 인식과 개선의 문제가 시야에 들어와 있음을 확인할 수
있습니다. 또한 헌법 25조에는 이렇게 규정되어 있습니다.
"모든 국민은 건강하며 문화적인 최저한도의 생활을 영위할

• •

기업. 경제학 교수였던 무함마드 유누스가 1983년에 설립. 2007년 현재,
이 은행은 방글라데시 전국에 1,175개의 지점을 두고 1,600억 다카(약
3조 3,600억 원)를 대출하는 대형 은행으로 운영되고 있으며, 빈곤 퇴치의
사회적 방법으로 서양에서 주목받았다. 상환의 법적 책임이 없음에도
상환율은 90%가 넘는데, 특정 지점(支店) 안에서 서로가 서로의 신용을
연대 책임지고 있는, 상호성 혹은 공통성의 시스템이 구축되어 있기 때문이
다. 2006년 설립자와 은행이 노벨평화상을 받았다.

권리를 갖는다." 그런 생활이 아니라면 '평화'라고 할 수 없다는 뜻입니다. 단지 사회보장만을 말하는 게 아니라 '건강하고 문화적인 생활'을 영위할 수 있는 것은 인간의 권리로서 보장되지 않으면 안 된다는 것입니다. 그런 권리가 보장된 사회가 '비폭력의 사회'입니다. 헌법 24조에는 남녀의 평등을 규정하고 있는데, 이는 남성에 의한 여성의 억제, 여성에 의한 남성의 억제를 폭력이라고 말하는 것과 다르지 않습니다. 남녀 간의 폭력, 혹은 가정 내에서의 폭력을 폐절시키는 것도 24조에 당연히 포함되어 있는 것이죠. 폭력을 정당화하는 사상·문화에 의해 발생하는 문화적 폭력을 부정하는 것과 관련해서는 '행복을 추구할 권리'를 규정하고 있는 13조["생명, 자유 및 행복 추구에 대한 국민의 권리"] 등이 그런 비폭력의 사회를 요청하고 있습니다.

이러한 비폭력이 좀 더 커다란 흐름으로 발현하고 있는 것으로서, 국제연합이 제창하는 「인간의 안전보장[Human Security]」[유엔개발계획(UNDP), 1994]이라는 사고방식이 있습니다. 노벨상을 받은 아마르티아 센이라는 인도의 경제학자, 일본의 오가타 사다코[국제정치학자, 유엔난민 고등판무관] 등도 함께 주장하고 있는데, 오부치 전前 총리가 관련된 연설을 국제연합에서 했던 일도 있죠. 즉, 안전보장의 중심은 더 이상 '국가의 안전보장'이 아니라, 한 사람 한 사람에게 국경의 울타리를 넘어 안전을 보장하는 데에 있다는 것입니다. 극단적인 사례로는 테러의 문제를 들 수 있습니다. 테러는 국가와 국가 간의 전쟁으로 일어나는 게 아님에도 우리들의 안전을 위협합니다. 혹은 아편, 에이즈와 같은 질병도 인간의 안전을 위협하는 폭력의 형태입니다. 그렇게 신체나 정신에 대한 폭력에도 대처하지 않으면 안 되죠. 그런 사고방식을 말하고 있는 것이 「인간의 안전보장」이라고 할 수 있겠습니다.

말하자면, 국가의 안전보장에서 인간의 안전보장으로. 이런 관점 속에서 우리들 인류는 이미 한 걸음을 내딛고 있는 게 아닐까 합니다. 그 가운데 우리는 무엇을 해나갈 것인가. 기아, 빈곤, 경제적 불평등 — 곧 경제의 글로벌화 속에서 세계적으로 현저해지고 있는 격차 — 역시도 폭력입니다. 자연환경과 사회 환경의 악화, 마약의 생산 및 거래 같은 문제도 중요한 현안입니다. '결핍과 공포로부터의 자유'를 향해가는 일, 나아가 그런 움직임을 확산시킴으로써 아시아에서 가능할 부전不戰 공동체의 형상을 만들어가는 일 등을 당면한 문제로 설정할 수 있지 않을까 합니다.

성스러운 것: 헌법 9조의 실현을 위한 필요조건

마무리할 시간이 온 듯합니다. 이제까지 말씀드렸던 것처럼,

비폭력은 다양한 국면에서 사고되어야 하며, 그것이 단순히 압력이나 권력에 맞선 대항이 아니라고 한다면 그런 '비폭력의 사회'를 어떻게 만들 수 있을지가 과제로 설정될 터입니다. 말할 것도 없이 한편으로는 사회보장 및 안전보장을 확립하는, 혹은 헌법에 있는 권리를 현실화하고 사법적으로도 보장하는 시스템의 확립이 중요합니다. 그럼에도, 생각해보면 이제까지 그런 사회 시스템이 실현되지 않았다는 현실이 엄연히 존재합니다. 왜 그랬던 것일까요? 비폭력의 사상을 지속하고 추구하는 힘이 부족했기 때문이 아닐는지요.

헌법 9조에 연결되는 '사상의 수맥'에 관해 말씀드렸지만, 그 수맥이란 유감스럽게도 지금의 현실 속에서는 실현되지 않고 있습니다. 특정 시대, 특정 사람들이 제기했던 다양한 흐름들이 있었지만, 결국 그것들이 하나의 큰 흐름이 되지는 못했는데, 예컨대 일본국 헌법을 포함하여 생활양식이나 가치관의 양상에 있어 전후 일본의 사람들이 미국을 따랐던 것은 분명한 사실입니다. 그것을 부정할 수는 없습니다. 그렇게 외부적 상황의 변화나 압력 앞에서 흔들림 없이 사상을 지속하고 유지해나가는 힘은 무엇이라고 할 수 있을까요? 지조志操 — 뜻志[기치]의 절조節操 — 를 지켜나가는 게 아닐는지요? 앞서 기타미카도 씨에 관해서만 말씀드렸는데, 그런 지조를 유지할 수 있는가의 여부에 '비폭력의 사회'의 실현이 관계되어 있는 게 아닐까 합니다. 사상 그 자체를 내면화하고 강인한 의지를 갖고 지속적으로 관철시켜나가는 그런 지조 없이는, 아무리 뛰어난 사람이 나올지라도 사상의 수맥은 계속될 수 없으며 이상의 실현은 불가능할 터입니다.

　유대인 여성 한나 아렌트는 대단히 우수한 정치학자였는데, 그녀가 자주 '세계를 향한 사랑[세계애(世界愛)]'이라는 말을 썼습니다. 아모르 문디Amor Mundi라는 라틴어가 그것인데, 이는 단순히 '인류는 서로를 사랑해야 한다'는 뜻이 아닙니다. 아모르 문디는 설령 60억 분의 1일지라도 자신은 인류의 일원이며 세계의 변화 양상이 곧바로 자기 자신의 문제라는 것, 세계의 그런 변화 속으로 자기가 어떻게 간여해 들어갈 것인지를 망각하지 않는 상태이며, 그런 감각의 지속 상태입니다. 아렌트는 그런 맥락에서 '세계를 향한 사랑'이라는 말을 사용했다고 하겠습니다. 제가 오늘 말씀드렸던 몇몇 이상적 사고들은 10년 뒤 혹은 100년 뒤에도 실현되지 않을 수 있습니다. 그렇지만 우리들은 지금 여기서 살아가며, 현재의 그런 시공간 없이는 10년 100년 뒤도 없습니다. 우리들은 지금 이 시공간에서 해야 할 일을 하지 않으면 안 될 것입니다. 그렇게 함으로써만 세계는 성립합니다.

　널리 알려진 또 하나의 말이 있죠. '사랑의 반대말은 무엇인가, 그것은 증오가 아니라 무관심이다.' 이 역시도 상기하고 새겨볼 필요가 있죠. 우리들은 60억 분의 1의 힘만을 가졌을 뿐이지만, 관심이라는 것을 가질 때, 그 60억 분의 1의 힘으로 움직일 수 있는 만큼을 움직일 수 있게 될 것입니다. 저는 『헌법 9조의 사상수맥』 끝부분에 헌법 9조와 같은 비전非戰 사상을 현실화 해가는 일을 두고 "몇 톤짜리 무거운 철문을 새끼손가락 하나로 밀어젖히려는 삶의 영위"라고 썼습니다. 9조가 만들어졌을 무렵, 도쿄대 총장이던 난바라 시게루라는 유명한 정치학자는 헌법 공포 기념식전에서 다음과 같이 말했습니다. "평화 민주 일본의 건설이 성사될지의 여부, 따라서 신新헌법의 성패는 한결같이 국민 자질의 향상에 직결된 문제이다. 이는 단지 지성과 도의道義의 고양만이 아니라 일본 국민이 '성스러운 것'을 새롭게 발견하지 않는 이상 끝내 불가능할 터이다."(「신헌법 발포」, 1946년 11월 3일) 분명 헌법 9조는 일본 국민에게 너무 무거운 부담일지도 모르겠습니다. 일본인들에 의해 계속 유지될 수 있을지 어떨지 알 수 없습니다. 9조의 진정한 실현을 위해, 그렇게 국민의 지성 및 도의의 고양, 신념, 그리고 모종의 '성스러운 것'을 달리 획득할 필요가 있지 않을까, 지금에 와서야, 아니 이런 지금이야말로 더 강렬하게 그런 관점을 의식하게 됩니다.[15]

• •

15. 헌법 9조와 성스러운 것의 연쇄와 관련하여, 난바라 시게루의 다음 문장들

그 점을 포함하여, 일본국 헌법 9조가 단지 전쟁 포기나 무력 교전의 금지만을 말하고 있는 게 아니라는 점을 다시 한 번 강조해두고 싶습니다. 헌법 9조는 비폭력의 사상입니다. 그리고 헌법 전체가 폭력의 여러 양태들을 제거해나가야 한다고 주장하고 있습니다.

  일본국 헌법이란 일단 법률의 영역에 속한 것이라 친숙해지기 어렵다고 느끼실 수도 있겠지만, 이번 기회에 헌법의 문장들을 실제로 한번 읽어보시면 어떨까 권해드리고 싶습니다. 감사합니다.

● ●

    도 참고. "어떤 시대 또는 어떤 국민이 어떠한 신을 신으로 하고 무엇을 신성으로 사고하는가는 그 시대의 문화나 국민의 운명을 결정하는 것이다. 그런 뜻에서 패전 일본의 재건은 일본 국민이 그때까지 품어왔던 일본적 정신과 사유의 혁명에 대한 요청이었던 것이다. (…) 종전 후 10여 년, 과연 우리나라의 재건은 그런 요청을 줄곧 지향하고 있는 것인가. 거기에 도리어 낡은 정신의 부흥 징후는 없는가. 참된[진정한] 신이 발견되지 않는 한, 인간이나 민족 혹은 국가의 신성화는 끊이지 않을 것이다."(南原繁, 『國家と宗敎——ヨーロッパ精神史の硏究』(岩波書店, 2014;「개정판 서문」 1958년 8월)

제5장

아시아의 시점에서 입헌주의를 생각한다

헌법과 실태의 어긋남

"그러니까 일본인은 신용할 수 없는 거죠." "그걸 일본어로는 니마이지타二枚舌[두 혀, 일구이언]라고 하는 거 아닙니까?" 이는 중국·대만·한국에서 제가 일본국 헌법에 대해 강의나 강연을 했을 때에 반드시 나오는 반응이었습니다. 그러한 반발이나 의심이 생겨나는 것은 헌법 9조에 '전력을 보유하지 않음'을 명시하면서도 세계 5위 수준에 올라 있는 군사력에 대해 '그건 전력이 아니라 자위대입니다'라고 말해왔기 때문입니다. 확실히 경찰예비대의 발족[1] 이후, 해상경비대와 항공부대를 더해

---

1. 한국전쟁 참전에 보조를 맞춘 GHQ의 '경찰예비대' 창설 강령(1950년

육해공 3군을 거느리면서도 그것은 오직 방위를 위한 무력이므로 경찰력과 다르지 않다고 말하는 것은 궤변으로밖엔 생각될 수 없는 것이죠. 이에 대해 경찰예비대가 발족했던 직후 위헌 소송이 제기됐습니다만, 최고재판소는 추상적으로 법률이나 명령 등의 합헌·위헌을 판단하는 권한이 없다면서 소송을 기각해버렸습니다(1952년 10월 8일). 그 이후 현재에 이르기까지 최고재판소는 자위대가 합헌이라는 판단을 내린 일은 없지만, 자위대는 자위대법 아래에서 합법적으로 존재해왔습니다. 거기엔, 국가에는 자연권으로서의 자위권이 있다는 주장부터 필요악으로서 불가결한 것이라는 생각까지 다양한 논의가 있지만, 재해가 일어났을 때에 구조 활동을 하는 집단이 필요해진 사실 또한 부정할 수 없습니다.

그렇게 국론을 분열시키는 문제에 관해서는 '고토아게言挙げ'[2] 하지 않고 두는 것이 '일본적 현명함'인지도 모르겠습니다. 그러나 "위헌이지만 합헌이다", "자위대는 해외에서 공격 능력을 갖지 않으며 현대전에 대응할 수 없기 때문에 군대가 아니다"라고 말하면서 자위대를 정당화하는 것이 아시아의 사람들

··

7월 17일)은 다음과 같다. "경찰예비대의 성격은 사변·폭동 등에 대처하기 위한 치안경찰대이다." 이는 1952년 일본 독립 이후 '보안대'로, 이어 2년 뒤에는 '자위대'로 개편된다.

2. 특히 일본의 신토(神道)와 관련해, 종교적 교의 및 해석을 단어와 말로 명확하게 드러냄을 뜻함.

에겐 '일본적 교활함'의 발현으로 보이는 것을 부정할 수 없습니다. 그렇지만 앞서 말한 것처럼 헌법 조문과 현실의 어긋남이나 모순을 지적하는 아시아의 사람들이 그 지점을 문제 삼는 것은 결코 '현실에 맞춰 헌법을 바꿔야 한다'는 것을 주장하는 게 아닙니다. 자국의 헌법을 어떻게 다룰 것인가는 그 국민에게 맡겨져 있고 그 문제에 개입하지 않는다는 것이 논의의 전제입니다. 거기서의 관심은 오히려 아시아에 있어 일본의 헌법 제정과 의회 개설이 갖는 선구적 의의를 인정하기에 일본인의 헌법 감각과 헌법 질서에 대해 이해하기 어려운 생각에 사로잡히게 된다는 것이며 그런 사정의 까닭을 알고 싶다는 것입니다.

중국으로 연쇄되는 입헌주의와 그 '위기'

현재의 일본인 입장에서 보자면 의외라고 생각할지도 모르겠습니다만, 예컨대 청일전쟁 패배 이후 중국에서는 패배의 원인이 군사력이 아니라 국가체제에 있다고 생각했습니다. 왜냐하면 1860년대 이후 청조는 '양무洋務운동'에 의해 이미 조선소나 군수공장의 건설을 추진하고 있었기 때문입니다. 그리고 그런 국가체제 차원에서 보이는 일본과의 상이함은 헌법과 의회의 유무가 그 근저라고 여겨졌고, 1898년에는 캉유웨이를 중심으로 메이지 유신을 모델로 한 변법유신變法維新운동이 일어났습니다. 게다가 1900년의 의화단 사건에서 패배하자 서태후조차도 국가체제를 쇄신하는 '청말신정淸末新政'을 단행했습니다. 1906년에는 '헌정' 시행의 조칙이 발효되고 이어 1908년에는 메이지 헌법을 따른 「흠정헌법대강」[3]이 나오게 되었으며 중앙과 지방의 의회를 상정하여 자정원資政院과 자의국諮議局이 설치되었습니다. 1911년의 신해혁명에서 각각의 성省에서의 독립선언을 리드했던 것은 그러한 헌정의 담당자가 되었던 일본 유학생이었습니다.

제가 기억하기로는 2008년 12월 중국에서 류우샤오보(2010년 노벨평화상 수상) 외 302명이 인터넷에서 중국공산당 일당독재의 종결, 삼권분립에 의한 민주화의 추진, 인권 상황의 개선 등을 요구하는 「08헌장零八憲章」을 선포했습니다.[4] 거기에

• •

3. 청말신정은 청나라 말기의 쇠락, 의화단 운동의 진압을 기화로 일제를 포함한 서양 8개국에 의해 북경을 점령당한 청나라 보수 세력이 단행한 쇄신책이었다. 그 쇄신의 핵심으로서 서양의 법제를 시찰하고 돌아온 대신들에 의해 1906년에 설립된 것이 고찰정치관(考察政治館)이며, 이는 이후 헌정편사관(憲政編査館)으로 개칭, 서태후와 광서제의 방헌헌정(倣行憲政)의 황명에 의해 입헌군주제와 국민기본권을 명시한 최초의 헌법 「흠정헌법대강」이 반포된다. 전체 23개조 중 몇 가지를 인용한다. "제1조 대청 황제는 대청제국을 통치하며 만세일계이며 영원히 군림한다. 제2조 군상(君上)은 신성존엄하며 침범할 수 없다. 제8조 계엄을 선포할 수 있으며 이에 따라 신민(臣民)의 자유를 제한할 수 있다."

4. 류우샤오보(劉曉波, 1955~2017). 중국을 떠나지 않은 중국의 반체제 인사, 작가, 인권·노동운동가. 「세계인권선언」 60주년에 맞춘 「08헌장」을 통해 중국의 입헌주의적 혁신을 요구했고, 그 법적 문건의 발표 직전 중국 공안국에 의해 체포. 2010년 '국가정권 전복선동죄'(중화인민공화국 형법 105조)

는 '중국 입헌 백 년'이라는 것이 특필되어 있지만, 그것은 일본의 헌법 정치에 따랐던 '흠정헌법대강' 이래 백 년간에 걸친 입헌주의, 그것을 위해 고투해왔던 중국인의 발걸음 위에서 중국의 입헌주의에는 혁신이 불가결하다고 소송했던 것입니다. 그러한 생각을 공유하는 중국 사람들이 볼 때, 모델이 되길 원했던 일본 입헌주의의 현 상태는 공산당 일당지배 아래서의 중국과 같은 양상으로 드러나고 있는 것이라고 할 수 있습니다. 이런 씁쓸한 인식이 있기에, '헌법 조문을 무시하는 일본은 입헌주의국가라고 할 수 있는가'라는 근본적인 물음이 나오게 되는 것입니다. 중국에서는 constitutionalism의 번역어로 입헌주의보다도 헌정憲政이라는 말이 많이 사용됩니다만, 이는 입헌정치・헌정정치constitutional government를 줄인 말로서 일본에서 사용되어 왔던 것입니다.

다른 한편 그러한 입헌주의나 헌정 등의 번역어를 만들었던 일본의 현 상태는 어떨까요? 자민당에 의한 헌법 개정을 추진하고 안전보장법안에 관련해서도 선두에 서서 발언했던 이소자키 요스케 내각 총리대신 보좌관은 거리낌 없이 이렇게 말합니

••

로 징역 11년을 선고 받고 복역 중에 숨을 거두었다. 그런데 아프간 및 이라크를 침공한 연합군을 '자유의 연합'으로 칭하고, '홍콩의 발전 상태가 제국 영국에 의한 100년간의 지배에 따른 산물인 한에서 지금 중국에 필요한 것은 300년간의 지배'라는 역사인식의 소유자이기도 했다.

다. "때때로 헌법 개정 초안에 대해 '입헌주의'를 이해하지 못하고 있다는 의미 불명의 비판을 받습니다. 이 말은 지금은 위키피디아에도 실려 있지만, 학생 시절 헌법 강의에서는 전혀 들었던 적이 없습니다. 옛날부터 있었던 학설인지요?" 그러나 저의 빈약한 기억에도, 메이지 헌법체제를 '외견적 입헌주의'라고 간주하는 논의와의 대비 속에서 입헌주의 강의를 들었던 적이 있습니다. 그리고 법제사를 배우는 과정에서 1937년 헌법학자 미야자와 도시요시가 「입헌주의의 위기」라는 제목의 논문을 쓰고 있었다는 것도 알았습니다. 그 해에 루거우차오廬溝橋 사건이 발발해 일본은 긴 전쟁의 진창에 발을 들여놓습니다. 그 전년도에는 2·26 사건이 일어나 군부대신 현역무관 제도가 부활하고 육해군 대신에는 현역 군인만 앉을 수 있게 됩니다. 게다가 2·26 사건 5일 전에는 천황기관설을 주장했던 미노베 다쓰키치의 피격 사건이 일어납니다. 그때까지 공무원 시험에도 공식적인 해석이 되고 있던 학설이 '완만한 모반이며 분명한 반역이 된다'고 하여 배격되었던 세상 속에서 전쟁을 저지하는 논의는 허용될 수 없었습니다.[5] 그러한 역사를 돌이

⋅ ⋅

5. '완만한 모반, 명백한 반역'은 1935년 2월 19일 귀족원 본회의에서 당시 도쿄대 명예교수이자 헌법학자, 귀족원 칙선의원이자 제국학사원 대표였던 미노베 다쓰키치를 '학비(學匪)'로 비난한 육군 중장 기쿠치 다케오 남작의 말. 미노베는 이후 우익의 폭탄 파편으로 중상을 입었다.

켜보면, '입헌주의의 위기'가 드러났던 때엔 이미 돌이킬 수 없는 곳까지 내몰린 게 아닌가 하는 두려움을 금할 수 없습니다. 한 번 일어났던 일이 두 번 다시 일어나지 않는다고는 말할 수는 없을 테니까요.

입헌주의와 민주주의의 충돌

그렇다면 현재 일본의 입헌주의는 어떤 상황에 놓여 있는 것일까요? 이 문제를 생각하기 위해서는 먼저 입헌주의란 무엇을 의미하는가, 그것은 민주주의와 어떤 관계에 있는가를 짚어볼 필요가 있습니다. 입헌주의와 민주주의는 반드시 같은 뜻을 가진 것이라고는 할 수 없습니다. 아니 그 둘 사이에는 날카롭게 대립하고 충돌하는 국면이 있습니다.

왜 입헌주의와 민주주의가 충돌하는가. 그것은 민주주의가 대의제 민주주의라는 형태를 취하고 있기 때문입니다. 그리고 대의제 민주주의가 반드시 민의를 정확하게 반영하는 것은 아닙니다. 특히 소선거구제를 택하고 있는 중의원 선거에서는 유효투표율이 50% 전후를 맴돌고 있는데, 그중 과반수만 얻어도 당선이 됩니다. 그러니까 유효 투표의 25%를 넘는 득표로 의석을 획득하는 것이 가능합니다. 그것은 숫자상으로 본다면 75% 가까운 유권자의 목소리가 반영되지 않은 것을 의미합니다. 실제로 2014년 12월의 중의원 선거 소선거구제에서 자민당은 전체 유권자로부터의 득표 비율을 나타내는 절대득표율이 24.49%였음에도, 의석의 76%를 획득하였습니다. 게다가 거기에 위헌 상황이 되는 '한 표의 격차'[6] 문제를 더한다면, 도저히 소선거구 제도는 민의를 정확히 반영하고 있다고 말할 수 없습니다.

이에 대해선, 국회의원은 강제 위임되고 있다는 이유에서가 아니라 일단 뽑힌 이상은 어디까지나 국민의 대표로서 행동하는 것이라는 이유에서 문제될 게 없다, 라는 사고방식이 있습니다. 그러나 그런 선거제도가 일본국 헌법이 그 전문에서 "일본 국민은 정당하게 선출된 국회에 있어 대표자를 통해 행동"한다고 규정했던, 그 "정당하게 선출된"이라는 말의 뜻을 살릴 수 있는 선거제도가 아니라는 것 또한 분명하죠. 게다가 일본의 의회에서는 거의 모든 법안이 당론에 구속되므로 의원 개인의

6. 선거구의 인구가 의원 한 명당 차지하는 비율의 격차, 곧 선거구 인구가 적은 지역에서 당선된 의원이 득표했던 한 표의 중량과 선거구 인구가 많은 지역의 한 표 사이의 격차를 뜻함. 2011년 일본 최고재판소 대법정은 그런 격차를 줄이기 위한 1994년 선거구 재획정 도입은 중간적 조치로서 용인될 수 있으나, 2009년 총선 시점에서 '한 표의 격차' 문제는 정당성을 결여한 위헌이라고 판정했다(일본국 헌법 제14조의 평등권 규정 및 43조 "국회의원은 전 국민의 대표자"라는 규정을 위반했다고 판시). 그러나 각 정당은 의석수를 결정하는 머리수 흥정 및 거래를 통해 그 문제를 방치했고, 2013년 3월 히로시마 고등재판소에 의한 전후 최초의 선거 무효 판결을 제외하고는 '위헌 상태지만 선거 결과는 유효'라는 대법정의 모순적 판결이 굳어져 있는 상태이다.

의견은 무시됩니다. 안전보장 관련 법안들이 심의되고 있을 때, 아소 다로 재무상은 여당 의원들에게 '법안이 통과되기까지는 개인 의견은 말하지 말라'고 함구령을 내렸는데, 그리되면 그들은 의원으로서의 직책을 포기하는 게 되는 겁니다. 요컨대 머리수만 갖춘다면 논의 따위는 없어도 좋다는 것이 일본 의회정치의 현 상태라고 할 수 있습니다.

문제는 아무리 민의가 반영되지 않는 의회라 해도 다수결로 국가 정책의 최고 중요 사항을 결정할 수 있다는 다수결 민주주의에 있습니다. 물론 의회정치의 본질은 토의를 통해 서로 다른 의견 가운데서 소수의견까지도 반영한 결론을 발견해가는 것에 있습니다. 그러나 일단 선거에 의해 뽑히고 나면 모든 사항에서 신임을 얻었다고 열 올려 말하는 수상이나 수장에 의해 '결정하는 정치'가 고창되고, 그렇게 스스로의 정치력을 과시하는 사태가 계속됩니다. 거기서 '다수결에 의한 전제專制'라고 해도 좋을 역설적 상황이 생겨납니다. 게다가 소선거구제 아래서는 개인의 정치적 의견보다도 정당의 방침에 따를 것인지 아닌지의 여부가 후보 공천의 선택 기준이 되므로, 정당 집행부의 의향에 따라 모든 것은 아무런 이의 없이 진행됩니다. 중선거구제에서 기능하고 있던 파벌 간의 상호 체크는 더 이상 존재하지 않게 됩니다. 이리하여 '다수결에 의한 전제'는 정당사회학 연구자 로베르트 미헬스가 간파했던 것처럼 '과두

지배의 철칙'으로 이어지고, 민주주의의 이름 아래 몇 명의
정당 간부에 의해 전제적 지배가 관철되고 맙니다.

헌법을 준수하는 것은 누구인가

민주주의가 그러한 위험성을 가진 것임을 전제로 하여, 민주
주의에 미리 브레이크를 끼워 놓는 원리, 저는 그것을 입헌주의
로 이해하고 있습니다. 입헌주의에 관한 이해는 헌법 96조를
앞세워 '개정'을 시도하려는 아베 수상의 계획이 오히려 반면
교사가 되어 더 넓어져갔습니다. 그래서 강조됐던 것은 입헌주
의라는 것이 '헌법을 제정하고 그에 따라서만 권력자가 통치할
수 있는 원리'라는 점이었습니다. 그러한 헌법 제정의 권력을
갖는 것은 주권자로서의 국민이고, 국민이 고유하게 가지고
있는 권리를 권력자로 하여금 보장하도록 하기 위해 인권보장
의 규정을 명기하게 됩니다. 이는 1789년의 「프랑스 인권선언」
제16조가 "권리의 보장이 확보되지 않고 권력의 분립이 정해지
지 않은 모든 사회는 헌법을 갖지 아니 한다"라고 천명함으로써
세계적으로 입헌주의의 지표가 되어온 것과 직결됩니다. 일본
에서도 최초의 국가행정조직법인 1868년의 「정체서政体書」에
서, "태정관의 권력을 나누어, 입헌·행법(행정)·사법의 삼권
으로 한다. 즉 편중의 근심을 없애시려는 것이다"라고 규정하
여 삼권분립 제도를 채택하고 있습니다. 이는 미국의 입헌주의

에 준거한 것이었습니다.

이러한 삼권분립과 인권보장을 헌법에 규정하여 그것을 권력자에게 준수시키는 것이 입헌주의의 근본 원칙입니다. 그리고 다수파가 그 원칙을 자의적으로 변경하는 것을 허용하지 않기 위해, 헌법 개정을 위해선 3분의 2 이상의 찬성자를 필요로 한다는 강성 헌법의 규정이 마련되었습니다. 아베 수상은 "단지 3분의 1을 넘는 국회의원의 반대로 발의할 수 없다는 것은 이상하다. (개헌에 소극적인) 그런 건방진 의원은 퇴장하길 바란다"[7]고 거듭하여 주장하고, 헌법 96조의 '개정'을 정당화하려고 했었습니다. 그러나 그러한 주장이, 다수결에 제한을 거는 것으로서의 입헌주의의 원리를 정면에서 부정한 것이었음은 명백하죠.

그리고 그러한 원칙을 지키지 않으면 안 되는 사람은, 말할 것도 없이, 권력을 행사하는 공무원이지 국민이 아닙니다. 그렇기에 헌법 99조에서는 '헌법 존중 옹호의 의무'를 천황·섭

• •
7. 2012년 9월 30일, 중의원 선거를 앞두고 교토 아야베시(綾部市)에서 했던 아베 수상의 연설. 이 발언은 2014년 2월 4일 중의원 예산위원회에서, 헌법 개정의 발의 요건을 규정한 헌법 96조에 대해 아베 수상이 했던 다음과 같은 말로 이어진다. "단지 3분의 1의 국회의원이 반대하는 것에 의해 국민투표로 논의할 기회가 박탈되고 있다. 여론조사에서 충분한 찬성을 얻지 않았지만, 국민적 지지를 얻는 노력을 하고, (개헌의) 필요성을 호소해나가고 싶다."

정 및 국무대신·국회의원, 재판관, 그 외의 공무원에게 부과하고 있는 것입니다. 그런데 자민당이 제출하고 있는 개헌안에는 "모든 국민"에게 헌법의 준수 의무를 부과하고 있습니다. 이 또한 입헌주의의 의의를 근원에서 부정하는 것입니다. 국민이 준수하지 않으면 안 되는 것은 입헌주의에 따라 만들어진 합헌의 법률·명령이지 헌법 그 자체가 아닙니다. 헌법은 국민이 권력자에게 지키도록 하기 위해 있는 것입니다.

이를 명확히 표명했던 것이 일본국 헌법의 전문입니다. 그것을 읽어보시면 곧바로 이해되는 것처럼, 전문의 주어는 모두 "일본 국민은" 또는 "우리들은"으로 되어 있고, 의회나 정부가 아니라 국민이 "주권이 국민에게 있음을 선언하면서 이 헌법을 확정한다"라는 구성으로 되어 있습니다. 더불어 거기서 주의해야할 것은 "정부의 행위에 의한 전쟁의 참화가 다시는 일어나지 않도록 할 것임을 결의"한다고 선언하고 있는 것입니다. 즉 일본국 헌법은 일본 국민의 의지로 '정부에 의한 전쟁의 참화'가 일어나는 일을 금지하며, 정부로 하여금 부전不戰·비전非戰을 향해 노력하도록 엄명하고 있는 것입니다. 거기에서 일본의 입헌주의가 평화주의와 표리일체인 것으로 제시되고 있음을 알 수 있습니다. 곧 자민당의 개헌안에는 그런 전문이 모두 개정되어, 비전의 의무가 정부에 부과되지 않고 있습니다.

입헌주의를 내세운 역습

중요한 과제는 현재 우리들이 직면하고 있는 입헌주의를 둘러싼 상황에 어떻게 대응할 것인가에 있습니다. 올해 2016년 들어 아베 수상은 스스로의 재임 기간 중에 헌법을 '개정'한다는 의지를 표명하고 있습니다. 아베 수상의 자민당 총재 임기는 현행의 당규나 총재 선출 규정에 따르면 연임 6년으로 2018년 9월까지이기 때문에, 임기 중에 '개정'하기 위해서는 이후 2년이 남게 됩니다. 그러나 긴급사태 조항 등에서 '개정'에 착수한다고 하더라도, 헌법 9조의 '전력을 보유하지 않음'을 국방군에 의한 안전보장으로 바꾸기까지에는 시간이 부족할 것입니다. 그 때문일까요, 현행 임기를 고쳐 3회 연임 9년으로 연장해야만 한다는 목소리가 수상 주변에서 부상하고 있습니다. 혹은 수상을 계속하기 위한 구실로서 '임기 중 개정'이라는 애드벌룬을 띄우고 있는 것인지도 모르겠습니다만, 자신의 임기를 연장해가는 것은 동서고금의 독재자가 상투적으로 취해왔던 수법입니다.

바이마르 헌법 아래에서 민주주의의 존재방식을 비난했던 법학자 칼 슈미트는 "근대 의회주의라고 불리는 것 없이도 민주주의는 존재할 수 있고, 민주주의 없이도 의회주의는 존재할 수 있다. 그리고 민주주의가 독재에 대한 결정적 대립물이 아닌 것과 마찬가지로, 독재는 민주주의의 결정적 대립물이 아니다'(『현대 의회주의의 정신사적 상황』, 1923)라고 쓰고 있습니다.[8] 분명히, 의회주의를 무시해도 민주주의라고 칭하는 것은 가능하며 민주주의로부터 독재가 생겨나기도 합니다. 그러한 민주주의적 독재라는 아이러니를 낳지 않기 위해서 입헌주의가 존재합니다. 거꾸로 입헌주의가 기능하지 않을 때 민주주의는 어떻게든 변질해갑니다. 그렇다고 한다면 우리들이 직면하고 있는 것은 입헌주의가 준수되고 있는가를 지켜봐야 한다는 것을 넘어 입헌주의를 준수시켜가야 한다는 과제입니다.

그런데 주의를 요하는 것은 앞으로 '입헌주의를 내세운 역습'이라고도 해야 할 정론적 상황이 만들어질 수 있는 사태입니다. 예컨대 이나다 도모미 자민당 정무조사회장은 국회에서 "자위대를 헌법학자의 7할이 위헌으로 생각하고 있기에 자위대는 반드시 헌법에 명기되어야 한다"고 주장하고, 이에 아베 수상도 동의하였습니다. 또 다니가키 사다카즈 자민당 간사장은 "자위대가 전력인지 아닌지는 조문을 읽어도 알기 어렵다"고, "헌법을 읽고 문자 그대로의 의미로 이해되게 하는 것이 중요하다"고 하여, 전력을 보유하지 않음을 규정한 헌법 9조

• •

8. 국역본 출처는, 칼 슈미트, 『현대 의회주의의 정신사적 상황』, 나종석 옮김, 길, 2012, 67쪽.

2항을 '개정'하는 것이 헌법을 지키기 위해 필요하다고 방송을 통해 호소하고 있습니다.

과연 위헌의 실태에 헌법을 맞추는 것이 입헌주의의 본의인 걸까요? 혹은 헌법학자의 7할이 위헌이라고 하기 때문에 거꾸로 개헌의 정당성이 합헌이 되는 것처럼 고쳐 쓰면, 서두에 말했던 아시아로부터의 눈길이 시정되어 일본이 입헌국가로 평가받게 되는 걸까요? 7할 이상의 헌법학자가 위헌으로 보고 있는 사태를 초래한 통치에 대한 설명의 책임과 결과의 책임은 어디에서 무산됐던 것일까요? 통치자에 부과되었던 과제를 소홀히 해왔던 사실은 없었던 것으로 하고, 실태가 변했기 때문에 그것에 맞춰 헌법의 힘을 바꾸자는 것이 입헌주의를 준수하는 자세일 리는 없습니다. 그러나 헌법의 조문과 실태가 어긋나고 있는 것이라면 헌법을 바꿀 수밖에 없지 않는가라는 주장에 동조하는 국민도 적지 않죠. 특히 재난구조 등에 있어 자위대의 존재의의가 있다는 인식이 넓어지는 것도 무시할 수 없습니다.

그렇다면, 어떻게 대처해야 하는 걸까요? 저 자신으로서는 현재의 헌법 9조에 맞도록 자위대의 내실을 바꾸어가면서 일본 국내뿐만 아니라 국외의 재난구조에도 출동하는 전문 집단으로 활약할 수 있게 되는 것이 바람직하다고 생각합니다. 물론 그것은 간단히 찬동을 얻을 수 있는 것이 아닐지도 모르고,

긴 시간을 필요로 하는 것이기도 하죠. 그러나 여러 자위대원들의 고생이 많아지기는 해도, 일면식조차 없는 사람을 적으로 살상하는 것보다는 피해자들을 구원하는 것과 같은 '인간의 안전보장'에 이바지하는 쪽이, 그 사명감에 더 적합하지 않을까 추측해봅니다.

한국에서 인터뷰했을 때, 베트남 전쟁에 파병된 아버지가 귀환 후 PTSD[심적 외상 후 스트레스 장애]에 시달리고 가족에게도 폭력을 행사하는 등 가족 모두가 비참한 인생을 살 수밖에 없었던 사람들의 이야기를 들었습니다. 베트남뿐만 아니라 이라크나 아프가니스탄에서 귀환했던 미국 병사들의 참상에 관해서도 잘 알려져 있습니다. 인과관계가 분명하게 밝혀진 건 아니지만, 이라크에 파견된 자위대원들 중 30명에 가까운 자살자가 나왔다는 보고도 있습니다. 그리고 무엇보다 유의해야 할 것은 '자유와 민주주의를 부여한다'는 대의를 갖고 시작했던 이라크나 아프가니스탄에서 전쟁이 초래한 것은 자유나 민주주의가 아니라 동일한 국민들끼리 서로를 죽인 무간지옥뿐이었다는 엄연한 사실입니다. 군사력의 행사는 증오와 잔학함의 연쇄를 낳을 뿐 문제 해결의 방식으로서는 완전히 무효가 되고 있습니다.

21세기의 전쟁의 실태에 비추어 볼 때, '정부로 하여금 전쟁 행위를 일으키지 않게 하는' 것을 선언했던 헌법 9조를 다름 아닌 권력자에게 준수시킨다는 뜻에서의 입헌주의의 중요성은 더욱 증대되어 왔습니다. 덧붙여 글로벌화가 진행되는 과정에서 헌법은 단지 권력자의 자의적 지배를 억제한다는 것 이상으로서, 대외적인 국가 목표를 선언하는 것으로서 국제적인 신뢰 조성을 도모한다는 기능 또한 보유해왔습니다. 게다가 환경문제 등 '인간의 안전보장'에 있어 국경을 넘는 문제에 대처해가는 주체는 더 이상 국가만이 아닙니다. NGO나 지방자치체 등 다층적인 주체의 연대와 제휴 활동이 불가결해지고 있습니다. 이에 리처드 포크 등이 제창하고 있는 '지구헌법주의'[9]와 같은, 평화와 인권의 보장을 각 국민이 권력자에게 교차적으로 요구하는 시스템이 요청되고 있는 것입니다. 그러나 그러한 과제까지도 시야에 넣어야겠지만 우선은 눈앞의 일본에 있어 위기로 절박해지고 있는 입헌주의를 확실하게 이행시켜가는 것. 저는 그것이야말로 일본의 입헌주의로 향한 아시아로부터의 의구심에 응답하는 유일한, 그리고 확실한 방도라고 생각하고 있습니다.

• •

9. 리처드 포크, 로버트 요한슨, 사무엘 킴 편저, 「지구헌법주의(Global Constitutionalism)와 세계질서」, 『세계평화의 헌법적 기초』(1993).

누가 해석하는가^{Quis interpretabitur?}, 누가 결정하는가^{Quis judicabit?}

1. 이 책에 배치된 텍스트들이 모종의 '팸플릿'으로 기능할 수 있다면 좋겠다. 달리 말해, 이 책이 일본의 2020년 9월 14일, 곧 아베 신조라는 역대 '최장수 총리'의 끝날에, '적敵기지 공격 능력 보유'를 이정표로 세워두고 사임한 아베 행정권의 전사前史/戰史에, 그 전사 속에서 '통치비밀arcana imperii'을 관리했던 관방官房장관 스가 요시히데의 총리 취임이라는 특정 정세에, 정권 교체의 통치극장에, 지지율 70%라는 숫자의 표상에, 다수의 전제정專制政에 어떤 식으로든 개입하게 만드는 계기로, '비판'의 인계철선tripwire으로 기능했으면 하고 바라게 된다. 이를 위하여, 여기 일본국 헌법 9조를 둘러싸고 미진한 채로나마 실험해볼 두 개의 낱말이 있는 바, '해석'과 '결정'이

곧 그것이다.

이른바 '모든 것을 설정하는 홉스의 질문'(C. 슈미트), 즉 '누가 해석하는가?', 그리고 '누가 결정하는가?' 이 두 질문이 헌법 개정의 의지를 관철하기 위해 아베 신조가 밟아온 길을, 스가 요시히데에 의해 다시 연장될 아베의 그 길을 인식하는 한 가지 근거가 될 수 있을까. 일본국 헌법이 평화헌법이라는 이름을 가질 수 있는 조건으로서의 '9조', 절대적 비폭력의 최전선이자 마지노선으로서의 헌법 9조를 둘러싼 아베와 법제국法制局 간의 투쟁 속에서 나온 아베의 다음과 같은 발언은 말 그대로 결정적이다: "헌법 해석의 최고책임자는 나다."

법제국이라는 해석 투쟁의 라이벌, 법제국이라는 '헌법의 파수꾼'을 '내각의 파수꾼'으로 교체시키는 과정은 헌법 해석권의 독점 혹은 헌법 해석의 최고 권위가 집행 권력의 근원이자 목표라는 점을 보여준다. 아베 정권은 헌법 개정에 대한 거부감 혹은 (무의식적이라고까지 할 수 있을) 편재하는 저항을 우회하면서, 행정부 단독의 헌법 '해석'을 통해, 입법부를 건너뛰고 행해지는 그런 해석만을 통해 전쟁권을 집행할 수 있는 '정상국가'의 정초를 결정하고자 했다. 이 과정은 조지 오웰의 『1984』가 가리키는 말과 인식의 상태, 곧 "말이 추해지고 부정확해지는" 사태에 다름 아니다. 말의 혼탁混濁, 이데올로기에 의한 사고의 석권. 이를 극명하게(그러므로 징후적으로) 보여주는 한 가지 사례는 「자민당 개헌 초안」의 중핵이라고 할 수 있을 '긴급사태 조항', 예컨대 '큰 인권'과 '작은 인권'이라는 개념의 분리 혹은 말의 조작과 이에 대한 정당화의 논리이다: "이 긴급사태 조항에서 제가 가장 염려하고 있는 것은 「자민당 개헌 초안 Q&A」에 무엇이 쓰여 있는가라는 점입니다. 우선 '긴급사태에서도 기본적 인권을 최대한 존중한다는 것은 당연한 일'이라고 쓰여 있습니다. 그러나 이어지는 부분에는 '국민의 생명, 신체 및 재산이라는 큰 인권을 지키기 위해서는 필요한 범위에서 상대적으로 작은 인권이 부득이하게 제한되는 일도 있을 수 있다'라는 한정이 따라붙고 있습니다. '큰 인권'과 '작은 인권' 간의 차이란 무엇일까요? 큰 인권과 작은 인권의 구별에 관해 누가 긴급사태의 한복판에서 즉각적으로 판결내리며, 누가 그런 판결에 사람들을 복종시키는지요?"

헌정憲政을 위해 '필요necessity'하다면 헌정 따위는 정지시킬 수 있다는 말의 타락이, 필요에 따른 예외규정의 죄/악이 '긴급사태'의 비상시 속에서 정당화되고 면죄되며 지고선至高善으로 승화된다. 거기에 오버랩되었던 것, 야마무로가 상기하게 됐던 것은 나치의 제국원수Reichsmarschall 헤르만 괴링의 말이었다: "물론 보통 사람들은 전쟁을 바라지 않았다. (…) 그러나 정책을 결정하는 것은 최종적으로는 그 나라의 지도자이기 때문에, 민주정치든 파시스트독재든 의회제든 공산주의독재든 국민을 전쟁에 끌어들이는 것은 언제나 지극히 간단하며 단순한 일이다. 국민을 상대로는 계속 공격받는 중이라고 말하고 평화주의자를 상대로는 애국심이 결여되어 있다고 비난하면서 국가를 위험에 노출시키고 있다고 주장하는 일 말고는 다른 어떤 것도 필요치 않기 때문이다. 이 방법은 모든 국가에 똑같이 유효하다."

1-1. 일본국 헌법 9조에 대한 해석의 독점. 오늘 그것은 국권의 집약적 발동으로서의 전쟁권에 관한 결정의 원천이자 산물이다. 자민당 개헌안 9조에 설정된 "국방군"의 존재가 그 증례인데, 거기서도 역시 말의 혼탁과 개념의 조작이 있다. "입헌주의"라는 말/개념에 대한 행정 권력의 해석이 그러하다. 개헌안을 관철시키려는 이들은 헌법학자들의 70%가 자위대를 위헌으로 보고 있다는 점을 들어 "입헌주의의 공동화空洞化"가 초래되고 있으니 "한시라도 빨리 자위대를 합헌으로 만드는 헌법 개정을 통해 입헌주의를 지키자'고 말한다. 개헌을 통해 자위대를 국방군으로 재설정함으로써 수호되는 그런 입헌주의 해석에 야마무로는 반대한다. 왜냐하면 그에게 "입헌주의란 국민이 권력자나 공무원을 향하여 행해서는 안 되는 일이 무엇인지를 결박 짓는 힘"이며, 일본국 헌법 9조는 그런 "입헌주의와 비전非戰의 정신"을 정초함으로써, "'정부의 행위'로

인해 전쟁이 일어나지 않도록 헌법 제정권자인 국민이 정부=권력자에 엄명하고 있는 상태"를 보존하고 있기 때문이다. 입헌주의에 대한 행정 권력의 해석 또는 그런 해석과의 관계 속에서 결정되는 전쟁권, 그런 해석과 결정이 민주주의의 이름 아래 용인되려는 상태에 맞서 야마무로는 입헌주의를 통해 민주주의를 정지시키고자 한다. "문제는 거기에 있습니다. 곧 민주주의는 국민 다수의 목소리를 반영한다는 전제 위에서 성립되는 것이지만, 그렇게 상정된 그대로 기능하지는 않습니다. 다름 아닌 민주주의가 '다수자의 전제' 그리고 '과두지배의 철칙'이 될 때, 이를 규제하는 힘, 그것이 다름 아닌 입헌주의입니다. 입헌주의는 민주주의의 폭주나 불규칙적인 탈선들을 체크하는 것입니다. 그 국면에서 민주주의와 입헌주의는 서로 대립하는 것이 됩니다. 제가 민주주의와 입헌주의가 반드시 동시에 성립하는 것은 아니며 때로는 길항 관계를 맺는다고 생각하는 것은 그런 까닭에서입니다." 아베에서 스가로의 교체/조바꿈에 맞서, 70%로 증폭된 지지율 아래의 민주주의에 맞서 입헌주의를 날카롭게 대립시키지 않으면 안 되는 상황 속에 '오늘의 헌법 9조'를 둘러싼 전장이 있다. 입헌주의의 파수꾼이 되는 투쟁의 과정에 9조를 수호하는 마지노선/최전선이 있다.

1-2. 누가 해석하는가, 누가 결정하는가의 문제 연관은 자민당 개헌안 제3장의 전황 속에서는 '공적인 것'을 둘러싸고 드러난다. 즉 "공익 및 공적 질서에 반하지 않는 한"이라는 한정 구문에 대한 해석을 통해 "생명, 자유 및 행복 추구에 대한 국민의 권리"는 임의적으로 조절될 수 있다. 거기서는 행정 권력이 해석하며 행정 권력이 결정한다. "문제는 그렇게 함으로써 '공익 및 공적 질서'가 '공공의 복지'보다도 명백한 규제 원리가 될 수 있을 것인가, 라는 점입니다. 일본의 근현대사를 공부하면서 통감하게 되는 것은, 일본 사회에서는 '공公'이라는 것이 본디 '오오야케おおやけ[公]=큰집大宅'으로서 조정朝廷을 가리켰고 막부가 '공의公儀[공적인 의식]'라고 칭해졌던 것처럼, 공=권력자=관官으로 동일시 되어왔다는 점, 현재에도 '공익'이나 '공적 질서'가 무엇인지를 결정하는 것은 국민이 아니라 권력자라는 통념에 지배되고 있다는 점입니다. 실제로 개헌안이 실시된다면, '공익'이나 '공적 질서'에 반하는가 아닌가를 제일의적으로第一義的[유일하게] 결정하는 힘은 행정 권력이 될 것입니다."

2. 야마무로가 밝힌 '헌법 해석'의 준칙은 이런 것이었다. i) "헌법이 결정하고 있는 국가의 상태를 읽어내는 일, 혹은 헌법의 체계로부터 국가 및 국민의 상태를 어떻게 읽어낼

것인지가 무엇보다 중요"하다는 점, ii) "구체적 조항들이 어떠한 입법 사실立法事実과 목적에 따라 구성되었는지를 아는 것", iii) "문리 해석文理解釈", 곧 "그 조문에서 사용되고 있는 개념이나 말의 뜻은 무엇인가, 그것을 문맥 속에서 어떤 식으로 해석해야 할 것인가." 일본국 헌법에 관한 그런 해석의 결정, 결정에 관한 해석은 다음과 같은 하나의 경로 혹은 조합으로 제안되고 있다: "극히 포괄적으로 말하자면 일본국 헌법 전문과 9조, 11조·13조, 그리고 97조·98조가 연쇄 고리로서 구성되어 있다는 점이 중요합니다." 구체적 조항에 관해서는, 9조와 전문前文 간의 '긴밀한 일체성'을 '해석의 표준'이 자리하는 장소로 설정하는 다음과 같은 대목을 주의 깊게 살필 필요가 있다. "'9조'는 헌법 '제2장'에 들어 있는데, 제2장은 9조 하나로만 되어 있습니다. 보통 몇 가지 조문들이 모여 하나의 장을 이루지만, 일본국 헌법 제2장은 9조 하나만으로 되어 있는 것이죠. 왜 그렇게 된 것일까요? 실은 초안을 잡는 과정에서 '전쟁 포기' 대목의 일부분이 '전문'으로 옮겨졌기 때문입니다. 그렇기에 '제2장'은 조문이 하나밖에 없으며 다름 아닌 '전문'과 긴밀한 일체성을 띠게 되는 것이죠. '전문'에서 9조의 취지가 명확해지고 있으며, '전문'이 9조 해석의 표준이 되는 겁니다."

3. 정치학자 난바라 시게루의 1946년도 발언에 뿌리박고서

야마무로가 언급했던 말은 '성스러운 것'이었다. 이에 대해 어떻게 말할 수 있을까. 비폭력의 사상수맥을 이어받고 있는 오늘의 헌법 9조를 다시 다르게 활성화시키기 위해, 그런 사상수맥의 숨통을 끊으려는 해석/폭력의 독점체로부터 9조를 수호하기 위해, 9조를 둘러싼 위기를 9조를 통한 비판의 영속적 근원으로 거듭 재정의/재결정하기 위해 필요한 것이 성스러운 것이다. 성스러운 것은 '누가 해석하는가', '누가 결정하는가'라는 질문에, '누가'라는 주체성에 관여하는 힘의 형질을 표현한다.

성스러운 것은 해석 개헌을 통해 '천황'의 국법적 지위를 변경하려는 행정권의 의지와도 합성되고 있다. 일본국 헌법 제1장 1조(천황의 지위와 주권재민)의 규정은 다음과 같다. "천황은 일본국의 상징이고 일본 국민 통합의 상징象徵이므로, 이 지위는 주권이 존[재]하는 일본 국민의 총의總意에 기초한다."(「일본국 헌법」, 1946년 11월 3일 공포, 일본 중의원 국회관계 법규 홈페이지) 자민당 개헌안 제1장 1조(천황)의 규정은 다음과 같다. "천황은 일본국의 원수元首이며, 일본국 및 일본 국민 통합의 상징이므로, 그 지위는 주권이 존[재]하는 일본 국민의 총의에 기초한다."(자유민주당 「일본국 헌법 개정 초안」, 2014, 2쪽) '천황'에 대한 규정을 둘러싸고 현행 헌법에 맞서는 자민당 개정안은 메이지 헌법으로의 복고 혹은 그런 복고의 효력 속에서 집행될 통치의 형질을 살피게 한다("천황은 신성하여 침해될 수 없다", "천황은 국가원수로서 통치권을 총람하고, 이 헌법의 조항에 따라 이를 행한다", 「대일본제국헌법」 제3조, 제4조). 원수, 곧 해석/결정의 '우두머리'와 그것에 대한 일본 국민의 '총의'가 맺는 관계를 시사하는 야마무로의 질문은 계발적이다: "다시금, 제정일치祭政一致야말로 일본 국체国体의 정화精華로서 칭송받게 될 것인지요?" 이 질문은 모종의 성스러운 것, 그러니까 제정일치의 통치술, 천황의 재—원수화, 정교분리의 예외라는 자민당 개헌안의 신정정치적 의지와 맞선다. 그런 적대의 구성이 '성스러운 것'의 탈구축과 '해석/결정'의 주체가 맺는 관계를 재고할 수 있게 하는 한 가지 계기로 기능할 수 있을지 생각해보게 된다.

4. 끝으로, '전후戦後'의 출발선으로서 '1946년도'로부터 인용되고 있는 또 하나의 문장을 다시 인용하고 싶다. "'속고 있었다'는 한마디 말의 편리한 효과에 빠져 일체의 책임에서 해방된 기분으로 사는 많은 이들의 안이하기 짝이 없는 태도를 볼 때, 나는 일본 국민의 장래에 대해 암담한 불안을 느끼지 않을 수 없다. '속고 있었다'고 말하면서 천연덕스레 아무렇지도 않은 국민이라면, 아마 이 뒤로도 몇 번씩이나 더 속아 넘어가게 될 터이다. 아니, 지금 이미 다른 거짓에 의해 속아

넘어가고 있음에 틀림없다."(영화감독 이타미 만사쿠, 「전쟁 책임자의 문제」) 1946년도의 전후 일본에 만연되어 있던(혹은 2020년도의 여느 국민들에게 퍼지고 있는) '속고 있었다'는 '편리'한 말. 달리 말하자면, 정신 패배('거꾸로 선' 정신 승리) 의 무책임, 무책임의 안락, 안락의 위임주의. 이타미 만사쿠의 그 말에서, 헌법 9조를 둘러싼 해석/결정의 투쟁에 개입하는, 그 영속적 '전중戰中'의 정세에 간여하는 말의 힘을, 정화된 말의 형질을 보게 된다. 그 말을 인용하고 있는 이 책—팸플릿이 말과 개념을 둘러싼 투쟁의 전장 하나를 개시하는 일에 '약한 힘'을 보탤 수 있었으면 한다.

2020년 9월 29일
윤인로

일본 헌법 9조와 비폭력 사상

초판 1쇄 발행 | 2021년 01월 06일

지은이 야마무로 신이치
옮긴이 윤인로
펴낸이 조기조

펴낸곳 도서출판 b
등 록 2003년 2월 24일 제2006-000054호
주 소 08772 서울특별시 관악구 난곡로 288 남진빌딩 302호
전 화 02-6293-7070(대) | 팩 스 02-6293-8080
누리집 b-book.co.kr | 전자우편 bbooks@naver.com

ISBN 979-11-89898-43-4 03360
값 15,000원